JN028725

YUHIKAKU

# 都市・地域経済学への 招待状［新版］

INTRODUCTION TO URBAN AND
REGIONAL ECONOMICS

著・佐藤泰裕

有斐閣ストゥディア

# はしがき

　皆さんも，都市再生や地域経済活性化，という言葉を一度は耳にしたことがあると思います。前者は，主に人の多く集まる都市について，後者は主に人の流出が続く地方で行われる議論で登場する言葉です。人が流入するところでも，流出するところでも問題がある，ということなら，いったい何がどうなればよいのでしょうか？

　もっと注意深く議論を見てみると，人によって重視している点が違うこともわかります。ある人は都市の魅力を語るかもしれません。東京では流行の最先端の服が手に入る，また，店が多くて，欲しい物が買える，といったようにです。一方で，ある人は，都市の不快さについて語るかもしれません。東京は住むには家賃が高すぎる，また，子育てしようにも保育園に入れないので，仕事を辞めざるをえない，といったようにです。地方についても，片方で，ゆったりと暮らせる，という良い評価と，生活が不便だ，という悪い評価の両方を耳にします。こうしたさまざまな意見は，それぞれある面では正しい，と考えるべきでしょう。他に何も問題がなければ，東京の便利さは魅力でしょうし，その魅力を無視すれば，東京の家賃は高すぎると感じるはずです。要は，都市にも，地方にも，良い面と悪い面が共存しているのです。こうした都市や地方に住むことの是非を，経済学の手法を用いて分析し，できるだけいいとこ取りするためにはどうすればよいかを考えるのが，都市経済学および地域経済学という分野です。

　本書は，都市経済学と地域経済学のごく基礎的な内容を紹介することを目的としています。伝統的には，都市経済学が主に大都市に注目するのに対して，地域経済学は，もう少し幅広く，地方も含む地域間の相互関係に注目した分析を行ってきました。しかし，大都市に住む人が増え，その経済活動の比重が高まるにつれて，さまざまなレベルの地域を考えるに際して，都市の機能を無視することができなくなり，都市経済学と地域経済学との垣根が低くなっていきました。現在では，両者には重複する部分も多く，両方を専門とする研究者も増えてきました。そこで，本書では，この二つの分野を一冊で概観できるよう

に，都市経済学と地域経済学のさまざまな話題について，少しずつ紹介することにしました。

なるべく多様な話題を盛り込もうと工夫したつもりではありますが，もちろん，この一冊ですべての話題を紹介できるわけではありません。私が，個人的に「重要である」と考える話題を選んで紹介しています。この，「重要である」という判断も，私の独断で決めていますので，都市経済学，地域経済学の研究者が皆同意してくれるわけではないでしょう。どの話題を選ぶのかは，それぞれの著者の価値観，好みを反映していますので，どの教科書でも同じ話題を扱うわけではなく，それだからこそ，複数の教科書を読む価値があるのです。本書も，たくさんの視点がある中で，一つの視点から書かれたものだということは忘れないでください。

都市経済学も地域経済学も，経済学の応用分野です。そのため，これらの内容を理解するためには，基礎分野を理解しておく必要があります。本書はできる限り自己完結するように工夫しましたが，応用分野としての性質上，どうしても，これ一冊だけ読めばよい，というわけにはいきません。基礎分野，特にミクロ経済学の入門書を，本書を読む前に，もしくは，同時並行して読むことをお勧めします。また，入門書に書くにはやや難しいかな，と感じる内容については，厳密さを犠牲にして，直観的な説明をしています。それを補うために，有斐閣のウェブサポートページに，詳しい説明を掲載していますので，あわせて利用していただくとよいと思います。

繰り返しになりますが，本書は，ごく基礎的な内容を紹介する入門書です。本書を読んでも，都市経済学や地域経済学の内容を深いところまで理解できるわけではありません。また，この本で特定の問題についての解決策を提示することもありません。書名にも現れているように，あくまでも，都市経済学や地域経済学がどのようなことを考える分野なのか，そこでどのような分析が行われ，どのような手順で結論を出しているのかを紹介する導入部です。そのため，深い内容まで学習しようと考えている方々には物足りないでしょう。そういった方々は，ぜひ，巻末に掲載している文献ガイドを参考に，他の教科書を読んでみてください。もちろん，そこまで考えていない，この分野をちらっとのぞいてみたいだけだ，という方々には，本書で概観を眺めていただきたいと思い

ます。それにより，都市経済学や地域経済学に対する興味を少しでも深めていただければ，本書のねらいとしては大成功だと考えています。

　本書の執筆過程では，多くの方々にご協力いただきました。特に，有斐閣の担当編集者である渡部一樹さんには，執筆過程において，詳細な意見をいただき，また，繰り返し議論にお付き合いいただきました。渡部さんとのやりとりがなければ，本書は完成しませんでした。また，大阪大学大学院経済学研究科博士後期課程（初版当時）の當麻雅章さんと大津優貴さん，大阪大学佐藤ゼミ受講生（初版当時）の皆さんには，原稿を読んでいただき，内容についての意見をいただきました。東京大学佐藤ゼミ受講生の皆さんには，初版の誤植をたくさん見つけていただきました。最後に，妻の美帆，長男の周，次男の好には，本書を執筆するための活力と時間をもらいました。ここに記して感謝します。

　　2023 年 10 月

佐 藤 泰 裕

---

**ウェブサポートページ**

各章末に収録されている練習問題の解答例やヒント，補論などを掲載しています。
https://www.yuhikaku.co.jp/static/studia_ws/index.html

# 著者紹介

佐 藤　泰 裕（さとう　やすひろ）

**現職**：東京大学大学院経済学研究科教授

**略歴**：1973 年生まれ。1996 年 3 月，東京大学経済学部卒業，2000 年 9 月，東京大学大学院経済学研究科博士課程中途退学，2002 年 5 月，東京大学博士（経済学）。日本学術振興会特別研究員，名古屋大学情報文化学部講師，同大学院環境学研究科准教授，大阪大学大学院経済学研究科准教授を経て現職

**専攻**：都市・地域経済学，空間経済学，応用ミクロ経済学

**主な著作**

・『空間経済学』（田渕隆俊・山本和博と共著），有斐閣，2011 年。

・"Economic Geography, Fertility and Migration," *Journal of Urban Economics* 61, 372–387, 2007.

・"Free Entry and Regulatory Competition in a Global Economy," (with K. Miyagiwa), *Journal of Public Economics* 118, 1–14, 2014.

・"Assimilation Patterns in Cities," (with Y. Zenou), *European Economic Review* 129, 103563, 2020.

・"Do People Accept Different Cultures?" (with M. Nakagawa, T. Tabuchi, and K. Yamamoto), *Journal of Urban Economics* 130, 103455, 2022.

**読者へのメッセージ**：自分が暮らしている街や地域がどんな状態なのか，それを今よりよくするためにはどんな政策が必要なのか，といったことを経済学の手法を用いて考察するのが都市経済学および地域経済学です。身近な話題から俯瞰的な話題まで紹介していますので，興味を持てるところからゆっくり読んでください。この本をきっかけに，少しでも都市・地域経済学に興味を持ってもらえるとうれしいです。

# 目　次

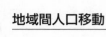

## 地域間人口移動

## 集積の経済と都市化

CHAPTER **11**

交通サービス

混雑の何がはた迷惑？

CHAPTER **12**

地方政府の役割

困ったときは政府頼み？

第 **1** 章

# 日本の地域と都市

## 日本はどこでも同じ？

　私たちの多くは普段，自分の生活がどういう特徴を持っているのかなどと意識せずに暮らしています。ところが，ある瞬間に，それを強く意識させられることがあります。例えば，海外旅行に出かけたときに，自分がそことは違う日本という国に暮らしていることを強く自覚することはないでしょうか？　また，日本に暮らしていても，外国人と話をすると，日本という国の特徴を意識することはないでしょうか？　こうした経験は，日本という国に文化，制度，習慣などの特徴があり，そこに暮らしている以上，それと関係なくは過ごせないことを知らせてくれます。では，日本で暮らす人々は，皆同じような暮らしをしているのでしょうか？　同じような仕事をし，同じような文化と習慣のもとで過ごしているのでしょうか？　これについても，日々の暮らしの中で，日本の中の地域差を意識する瞬間があります。よその地域に旅行に出かけたり，よその地域の出身者と話をしたりするときです。地方都市から東京に出かけると，その人の多さに圧倒されます。関東から関西に出かけると，文化の違いを強く意識します。

　このように，私たちは，日本という大きな枠の中にありながら，地域ごとに異なる生活圏で暮らしています。都市・地域経済学は，そうした地域の特性や差が私たちの暮らしにどう影響するのか，そして，よりよい暮らしのためにはどのような政策が必要なのかといったことを考える学問です（国と国との間の関

## Column ❶-1　ゆるキャラと地域差

　日本は同質な国といわれたりしますが，実際に日本に暮らす私たちは，各地域がそれぞれの文化や産業を抱えており，さまざまな点で異なっていることを知っています。そのことは，「秘密のケンミン SHOW」（日本テレビ系列）のように，都道府県の独自の文化や習慣を紹介することがテレビ番組として成立することからもわかります。さらに象徴的なのが，「ゆるキャラ」です。

　それぞれの地域の名産や特徴，文化や習慣などにちなんだキャラクターが考案され，ご当地キャラ，もしくは，ゆるキャラと呼ばれていることはご存じだと思います。みうらじゅんさんがゆるキャラという言葉を考案し，広めて以来，近年はすっかり定着し，ゆるキャラを紹介するウェブページまであります（https://www.yurugp.jp/jp/，2023 年 9 月 20 日最終確認）。テレビ番組やゆるキャラを見ていただければ，地域差というものをイメージしてもらいやすいでしょう。

ゆるキャラグランプリ 2020（写真提供：時事）

係を分析する分野は国際経済学です。近年，都市・地域経済学と国際経済学との間の垣根が低くなり，共通の分析手法が用いられることも多くなっています。第 10 章で扱いますが，そうした共通の分析手法で得られた成果をまとめて空間経済学と呼ぶこともあります）。

　この本は都市・地域経済学の初歩的な内容を説明することを目的としています。その導入として，この章では，日本の中で地域がどの程度異なっているのかを概観してみましょう。その際，どのように地域を特徴付けるかにはさまざ

まな方法がありますが，まずは人口規模という基本的な指標に注目して見ていくことにします。

# 1　地域について

　一言に地域といっても，人によってイメージするものが違うことがありえます。ある人は関東，関西といった区分を思い浮かべるかもしれませんが，ある人は都道府県を想定するかもしれません。またある人は西日本と東日本という区分を用いるかもしれません。ぼんやりと「地域」という言葉を使うと，どの区分を前提にしているかが曖昧になってしまいます。こうした曖昧さを排除することが，地域について考える上での最初の一歩です。そこで，地域とは何を指すのか，を丁寧に議論することから始めましょう。

　この本では「地域」という言葉を正確に定義するときには，二通りの考え方を場合に応じて使い分けます。一つ目は，**行政上の区分によって決められる地域**です。これは，都道府県や市区町村といった行政区域や選挙区などのように，制度によって人為的に区分けされたものです。二つ目が，**実質的なつながりを意識して決められる地域**です。これには同質地域と結節地域という二種類があります。前者は，同じような性質を持った場所をひとくくりにしたもので，例えば農村部と都市部，工業地帯と住宅地といった区分があてはまります。後者は，結びつきの強い場所をひとくくりにしたものです。ここでいう結びつきにもさまざまなものが考えられ，例えば通勤，通学による結びつきに注目して，隣接する市区町村をまとめて都市圏を定義したり，ある企業との取引に注目して，企業城下町と呼んだりする場合が考えられます。また，よく使われる，関東，関西などの大きなくくりも，昔からのさまざまな文化的・経済的つながりを考慮して作られたものですから，結節地域の一種です。もちろん，自然条件により必然的に区分される地域もありえます。例えば，佐渡島などの島は海に囲まれていますので，それ一つで区別するのが自然かもしれませんが，この本の焦点から外れてしまいますので，この区分は扱いません。

　形式的な地域と実質的な地域，二つの考え方がありますが，どちらか一つだ

けに注目していればよい，というわけではありません。地方政府の活動は，市区町村や都道府県などの形式的な地域を単位として行われていますので，政策を分析する際には行政上の区分を単位にするのが自然かもしれません。また，種々の統計データは行政上の区分で集計・公表されていますので，そうしたデータを用いた実証分析の基本単位は行政上の区分にならざるをえません。しかし，実際の経済活動は，形式的な地域を越えて営まれていることも多いので，形式的な地域のみを見ていると本質を見失うこともあります。そのため，二つの地域の見方をバランスよく用いて，それぞれの短所を補うように使っていくことが重要です。

**POINT**

どんな地域区分を念頭においているのか，に意識的になってください。

 日本の都道府県と地域

### 日本の都道府県

　形式的な地域区分の中で，最もおなじみで，最もよく用いられるのが都道府県という地域区分です。そこで，まず，都道府県の姿から見ていくことにしましょう。都道府県を特徴付ける方法も複数ありますが，まずは最も基本的な指標である，人口規模に注目することにします。表 1.1 は，都道府県の人口を含めた経済規模をまとめたものです。

　一目見てわかるように，東京都や神奈川県，大阪府のように非常に人口規模の大きなものから，島根県や鳥取県のように，100 万人未満のものまで，さまざまな規模の都道府県があります。最も大きな東京都は，最も小さな鳥取県の25 倍以上もあります。こうした人口規模の差は，経済活動の規模の差につながっています。国の経済活動の活発さの程度を表す指標として，国内で生み出された付加価値の総和である国内総生産（GDP: Gross Domestic Product）が有名ですが，その都道府県版である県内総生産も表 1.1 に記載しています。これもまた都道府県によりさまざまで，おおむね，人口規模の大きな都道府県で県内

| | 人口<br>(2020年)<br>(万人) | 名目県内総生産<br>(2019年)<br>(兆円) | 面積<br>(2021年)<br>(百平方キロ) | 内閣府「地域の経済<br>2020-2021」 | 内閣府「県民経済計算」 | 国土交通省「国土形成計画」 | 高校野球春季地区大会 |
|---|---|---|---|---|---|---|---|
| 北海道 | 522.5 | 20.5 | 834.2 | 北海道 | 北海道・東北<br>(＋新潟) | 北海道 | 北海道 |
| 青森県 | 123.8 | 4.5 | 96.5 | 東北 | | 東北圏<br>(＋新潟) | 東北 |
| 岩手県 | 121.1 | 4.8 | 152.8 | | | | |
| 宮城県 | 230.2 | 9.8 | 72.8 | | | | |
| 秋田県 | 96.0 | 3.6 | 116.4 | | | | |
| 山形県 | 106.8 | 4.3 | 93.2 | | | | |
| 福島県 | 183.3 | 8.0 | 137.8 | | | | |
| 茨城県 | 286.7 | 14.1 | 61.0 | 北関東 | 関東<br>(＋山梨<br>・長野) | 首都圏<br>(＋山梨) | 関東<br>(＋山梨) |
| 栃木県 | 193.3 | 9.3 | 64.1 | | | | |
| 群馬県 | 193.9 | 9.3 | 63.6 | | | | |
| 埼玉県 | 734.5 | 23.6 | 38.0 | 南関東 | | | |
| 千葉県 | 628.4 | 21.3 | 51.6 | | | | |
| 東京都 | 1404.8 | 115.7 | 21.9 | | | | |
| 神奈川県 | 923.7 | 35.2 | 24.2 | | | | |
| 新潟県 | 220.1 | 9.2 | 125.8 | 甲信越 | 北海道・東北 | 東北圏 | 北信越<br>(＋長野) |
| 富山県 | 103.5 | 4.9 | 42.5 | 北陸 | 中部 | 北陸圏 | |
| 石川県 | 113.3 | 4.8 | 41.9 | | | | |
| 福井県 | 76.7 | 3.7 | 41.9 | | | | |
| 山梨県 | 81.0 | 3.6 | 44.7 | 甲信越 | 関東 | 首都圏 | 関東 |
| 長野県 | 204.8 | 8.5 | 135.6 | | | 中部圏 | 北信越 |
| 岐阜県 | 197.9 | 7.9 | 106.2 | 東海 | 中部 | | 東海 |
| 静岡県 | 363.3 | 17.9 | 77.8 | | | | |
| 愛知県 | 754.2 | 40.9 | 51.7 | | | | |
| 三重県 | 177.0 | 8.1 | 57.7 | | | | |
| 滋賀県 | 141.4 | 6.9 | 40.2 | 近畿 | 近畿 | 近畿圏 | 近畿 |
| 京都府 | 257.8 | 10.8 | 46.1 | | | | |
| 大阪府 | 883.8 | 41.2 | 19.1 | | | | |
| 兵庫県 | 546.5 | 22.2 | 84.0 | | | | |
| 奈良県 | 132.4 | 3.9 | 36.9 | | | | |
| 和歌山県 | 92.3 | 3.7 | 47.3 | | | | |
| 鳥取県 | 55.3 | 1.9 | 35.1 | 中国 | 中国 | 中国圏 | 中国 |
| 島根県 | 67.1 | 2.7 | 67.1 | | | | |
| 岡山県 | 188.8 | 7.8 | 71.1 | | | | |
| 広島県 | 280.0 | 12.0 | 84.8 | | | | |
| 山口県 | 134.2 | 6.4 | 61.1 | | | | |
| 徳島県 | 72.0 | 3.2 | 41.5 | 四国 | 四国 | 四国圏 | 四国 |
| 香川県 | 95.0 | 4.0 | 18.8 | | | | |
| 愛媛県 | 133.5 | 5.1 | 56.8 | | | | |
| 高知県 | 69.2 | 2.5 | 71.0 | | | | |
| 福岡県 | 513.5 | 19.9 | 49.9 | 九州 | 九州 | 九州圏 | 九州 |
| 佐賀県 | 81.1 | 3.2 | 24.4 | | | | |
| 長崎県 | 131.2 | 4.8 | 41.3 | | | | |
| 熊本県 | 173.8 | 6.4 | 74.1 | | | | |
| 大分県 | 112.4 | 4.5 | 63.4 | | | | |
| 宮崎県 | 107.0 | 3.7 | 77.4 | | | | |
| 鹿児島県 | 158.8 | 5.8 | 91.9 | | | | |
| 沖縄県 | 146.7 | 4.6 | 22.8 | 沖縄 | | 沖縄 | |
| 全国計 | 12,614.6 | 580.8 | 3,779.8 | | | | |

(出典) 総務省「国勢調査」(人口)，内閣府「県民経済計算」(県内総生産)，総務省「統計でみる都道府県のすがた」(面積)。

総生産も大きくなっており，そうした場所の経済活動が活発であることがわかります。

　こうした規模の違いは，人や経済活動が大きく偏って分布していることを示しています。例えば，面積で見ると，東京都，愛知県，大阪府を合わせても，全国の5%に満たないのですが，人口規模では全国の20%以上を，県内総生産では全国の30%以上を占めます。これほど集中が生じているのはなぜでしょうか？ そして，集中することのメリット，デメリットは何なのでしょうか？ そして，集中することで生じた結果をどう考えていけばよいでしょうか？ こうした疑問に系統立てて取り組むのも都市・地域経済学の重要な課題です。

## 日本の広域地域

　次に，実質的な地域区分の中で，私たちになじみの深いものを少し見てみましょう。日常生活でも，天気予報などは都道府県をいくつかのグループに分け，そのグループごとにまとめるようにして，例えば，「九州地方は梅雨入りしました」というような形で伝えられたりします。前ページの**表1.1**にはこうした広域の地域の例をいくつか示しています。これらは，地理的に近い都道府県で，伝統的に結びつきが強いと考えられるものをひとまとめにして作られていますので，結節地域の一種だと考えられます。ここでは例として，内閣府の「地域の経済2020-2021」および「県民経済計算」で用いられている地域区分，国土交通省の「国土形成計画」で用いられている地域区分，そして，高校野球の地区大会での地域区分を挙げています。前者三つは公的機関が用いているもので，最後の一つは民間の団体が用いているものです。内閣府の二つの区分を見ると，機関が異なる場合だけでなく，同じ機関内でも地域区分を使い分けていることを確認できます。

　どれもよく似た地域区分ですが，よく見ると微妙に異なっています。「地域の経済2020-2021」の区分では関東が北関東と南関東に分かれていますが，残りの三つでは関東は一つにまとめられています。高校野球と「県民経済計算」では沖縄県は九州に含まれますが，残りの二つでは九州とは区別されています。こうした相違は，どういう目的で区分しているかによって生じると考えられま

す。例えば，「地域の経済2020-2021」と「国土形成計画」では北海道と沖縄県は本州・九州の地域とは区別して，独立して扱われていますが，これは，地域経済の現状把握や地方に向けた計画にあたってはやや遠すぎるためだと考えられます。一方，高校野球では北海道は独立した地域であるものの，沖縄県は九州に含められています。北海道は人口500万人を超え，一つでかなり大きな規模になりますので，地区大会として成立するのですが，沖縄県は140万人と北海道の4分の1の規模であるため，それのみで地区大会を実施するには小さすぎるとの判断なのでしょう。最後に，「県民経済計算」では北海道は東北とひとまとめにされ，沖縄は九州に含められています。結びつきの強さを加味して経済活動の様子を把握するにはこのくらい大雑把な区分が適切であるのだと思います。このように，実質的な地域を定義する場合には，何を目的とするのかに応じて工夫する必要があるのです。

　ここでは，「地域の経済2020-2021」に基づく地域区分を用いて，日本の広域地域の概観を眺めてみましょう。表1.2は人口と地域内総生産（県内総生産の和），並びにそれらの全国比（地域の占めるシェア）をまとめています。

　これらを見ても，東京都を含む南関東，愛知県を含む東海，そして，大阪府を含む近畿の存在感が大きいことが確認できます。これらの地域が，日本国内では大きな規模を誇ることはわかりましたが，これらをどの程度と評価するかは，この表だけでは何ともいえません。そこで，比較のために，諸外国の人口規模や経済規模を見てみましょう。

　表1.3は，OECD諸国の人口規模とGDPをまとめたものです。もちろん，アメリカのように，日本よりはるかに規模の大きな国もありますが，多くの国は日本よりは規模が小さく，日本の広域地域と同規模の国も多数あることがわかります。例えば，南関東はカナダと人口で見れば同規模ですし，近畿はオーストラリア，東海はオランダと同規模です。為替レートをいつの値にするかで円建ての県内総生産とドル建てのGDPとの比較は影響を受けますので，簡単には比べられないのですが，もしこのデータが観察された2021年頃のように1ドル100〜110円であれば付加価値の観点からも同規模と考えてよいでしょう。

| | 人口<br>(2020 年) | | 地域内総生産<br>(2019 年) | |
|---|---|---|---|---|
| | (万人) | (全国比, %) | (兆円) | (全国比, %) |
| 北海道 | 522.5 | 4.1 | 20.5 | 3.5 |
| 東　北 | 861.2 | 6.8 | 35.0 | 6.0 |
| 北関東 | 673.9 | 5.3 | 32.7 | 5.6 |
| 南関東 | 3,691.4 | 29.3 | 195.8 | 33.7 |
| 北　陸 | 293.5 | 2.3 | 13.4 | 2.3 |
| 甲信越 | 505.9 | 4.0 | 21.3 | 3.7 |
| 東　海 | 1,492.4 | 11.8 | 74.8 | 12.9 |
| 近　畿 | 2,054.2 | 16.3 | 88.7 | 15.3 |
| 中　国 | 725.4 | 5.8 | 30.8 | 5.3 |
| 四　国 | 369.7 | 2.9 | 14.8 | 2.5 |
| 九　州 | 1,277.8 | 10.1 | 48.3 | 8.3 |
| 沖　縄 | 146.7 | 1.2 | 4.6 | 0.8 |

(注)　内閣府「地域の経済 2020-2021」に基づく地域区分。

## 歴史的に見た地域

　では，表 1.2 で見た地域の人口分布のパターンは歴史上いつ頃成立したのでしょうか？　実は，現在の日本の人口分布は新しい現象ではなく，かなり昔からその姿をあまり変えていないことが近年の研究で明らかになりました。10ページの表 1.4，1.5 ではこのことを簡単に確認しています。

　表 1.4 は，現在だけでなく，戦後，戦前，江戸時代，そして奈良時代の広域地域の人口分布を表にしたものです。ここでの広域地域は先ほどのものよりやや細かく定義されています。明治期より国勢調査は実施されていますので，都道府県人口，そして，それをまとめた広域地域の人口についての統計は入手可能です。しかし，江戸時代，そして，それより以前については国勢調査が実施されていませんので，歴史的な資料を基に推定された数字です。歴史人口学という分野で，宗門改人別帳といった資料から，過去の人口規模だけでなく出生，死亡などの人口動態まで明らかにする試みがなされていますが，表 1.4 では，そこで推定された国別（藩別）人口をもとに作成された広域地域の人口分布を

表 1.3　OECD 諸国の経済規模（2021 年）

| | 人 口<br>（万人） | 名目 GDP<br>（10 億米ドル） | 一人当たり GDP<br>（米ドル） |
|---|---|---|---|
| オーストラリア | 2,573.8 | 1,595.2 | 61,977.1 |
| オーストリア | 895.2 | 536.9 | 59,976.3 |
| ベルギー | 1,155.3 | 681.7 | 59,006.6 |
| カナダ | 3,824.6 | 2,029.9 | 53,074.1 |
| チ リ | 1,967.8 | 553.1 | 28,105.1 |
| コロンビア | 5,157.4 | 870.8 | 16,885.1 |
| コスタリカ | 516.3 | 117.2 | 22,691.5 |
| チェコ | 1,050.1 | 479.3 | 45,639.9 |
| デンマーク | 585.0 | 379.9 | 64,940.0 |
| エストニア | 133.1 | 57.9 | 43,465.8 |
| フィンランド | 554.1 | 304.2 | 54,894.7 |
| フランス | 6,772.0 | 3,479.0 | 51,373.3 |
| ドイツ | 8,319.6 | 4,890.6 | 58,784.1 |
| ギリシャ | 1,065.7 | 332.9 | 31,240.6 |
| ハンガリー | 971.0 | 356.1 | 36,677.8 |
| アイスランド | 37.3 | 21.7 | 58,293.5 |
| アイルランド | 501.1 | 536.3 | 107,005.0 |
| イスラエル | 937.1 | 412.7 | 44,041.5 |
| イタリア | 5,911.0 | 2,751.3 | 46,546.3 |
| 日 本 | 12,550.2 | 5,369.3 | 42,782.4 |
| 韓 国 | 5,174.5 | 2,426.3 | 46,888.8 |
| ラトビア | 188.4 | 66.2 | 35,122.5 |
| リトアニア | 279.5 | 122.7 | 43,892.1 |
| ルクセンブルグ | 64.0 | 84.2 | 131,477.7 |
| メキシコ | 12,897.2 | 2,481.5 | 19,240.4 |
| オランダ | 1,753.3 | 1,111.9 | 63,417.3 |
| ニュージーランド | 511.1 | 241.2 | 47,179.8 |
| ノルウェー | 540.8 | 435.3 | 80,490.8 |
| ポーランド | 3,816.2 | 1,439.1 | 37,710.5 |
| ポルトガル | 1,029.8 | 377.7 | 36,679.5 |
| スロバキア | 544.2 | 184.7 | 33,933.1 |
| スロベニア | 210.7 | 92.7 | 43,985.5 |
| スペイン | 4,733.2 | 1,927.5 | 40,724.0 |
| スウェーデン | 1,041.6 | 624.7 | 59,974.0 |
| スイス | 870.5 | 661.1 | 75,950.6 |
| トルコ | 8,414.7 | 2,580.9 | 30,671.6 |
| イギリス | 6,735.1 | 3,351.7 | 49,765.3 |
| アメリカ | 33,189.4 | 23,315.1 | 70,248.6 |

（出典）　OECD. Stat.

**CHART** 表1.4 さまざまな時代の地域人口分布（シェア，%）

| | 北海道 | 東奥羽 | 西奥羽 | 北関東 | 南関東 | 北 陸 | 東 山 | 東 海 |
|---|---|---|---|---|---|---|---|---|
| 725（奈良時代） | — | 4.6 | 1.7 | 7.9 | 9.4 | 5.6 | 2.7 | 10.8 |
| 1600（慶長5年） | 0.1 | 6.0 | 2.8 | 5.8 | 10.6 | 7.0 | 3.5 | 8.8 |
| 1840（天保11年） | 0.2 | 5.8 | 3.2 | 5.0 | 11.6 | 9.3 | 4.5 | 9.1 |
| 1890（明治23年） | 1.0 | 7.2 | 3.6 | 6.1 | 10.7 | 9.4 | 4.0 | 8.6 |
| 1950（昭和25年） | 5.1 | 7.6 | 3.2 | 6.2 | 15.6 | 6.2 | 3.4 | 8.8 |
| 1975（昭和50年） | 4.8 | 6.1 | 2.2 | 5.2 | 24.2 | 4.7 | 2.5 | 9.9 |
| 2020（令和2年） | 4.1 | 5.2 | 1.6 | 5.3 | 29.3 | 4.1 | 2.3 | 10.4 |

| | 畿 内 | 畿内周辺 | 山 陰 | 山 陽 | 四 国 | 北九州 | 南九州 | 沖 縄 |
|---|---|---|---|---|---|---|---|---|
| 725（奈良時代） | 10.1 | 11.1 | 7.8 | 9.7 | 6.1 | 7.5 | 4.8 | — |
| 1600（慶長5年） | 18.6 | 11.4 | 3.4 | 6.6 | 5.1 | 6.5 | 3.8 | — |
| 1840（天保11年） | 7.5 | 10.0 | 4.5 | 9.0 | 7.3 | 8.0 | 5.1 | — |
| 1890（明治23年） | 6.8 | 9.3 | 2.7 | 8.1 | 7.0 | 8.3 | 6.1 | 1.0 |
| 1950（昭和25年） | 7.7 | 7.9 | 1.8 | 6.3 | 5.0 | 8.8 | 5.6 | 0.8 |
| 1975（昭和50年） | 10.5 | 7.8 | 1.2 | 5.4 | 3.6 | 7.1 | 4.0 | 0.9 |
| 2020（令和2年） | 10.1 | 7.6 | 1.0 | 4.8 | 2.9 | 6.6 | 3.5 | 1.2 |

(注)　北海道：北海道　　　　　　　　　　　　畿内：京都，大阪，奈良
　　　東奥羽：青森，岩手，宮城，福島　　　　畿内周辺：滋賀，三重，和歌山，兵庫
　　　西奥羽：秋田，山形　　　　　　　　　　山陰：島根，鳥取
　　　北関東：茨城，栃木，群馬　　　　　　　山陽：岡山，広島，山口
　　　南関東：千葉，埼玉，東京，神奈川　　　四国：徳島，香川，愛媛，高知
　　　北陸：新潟，富山，石川，福井　　　　　北九州：福岡，佐賀，長崎，大分
　　　東山：山梨，長野　　　　　　　　　　　南九州：熊本，宮崎，鹿児島
　　　東海：静岡，愛知，岐阜　　　　　　　　沖縄：沖縄
(出典)　鬼頭宏『人口から読む日本の歴史』講談社学術文庫（2000年），総務省「国勢調査」。

**CHART** 表1.5 異なる時代の地域人口の相関係数

| | 2020年 | 1975年 | 1950年 | 1890年 | 1840年 | 1600年 | 725年 |
|---|---|---|---|---|---|---|---|
| 2020年 | 1 | 0.994 | 0.911 | 0.608 | 0.616 | 0.533 | 0.492 |
| 1975年 | | 1 | 0.942 | 0.653 | 0.634 | 0.584 | 0.524 |
| 1950年 | | | 1 | 0.805 | 0.704 | 0.563 | 0.53 |
| 1890年 | | | | 1 | 0.955 | 0.626 | 0.577 |
| 1840年 | | | | | 1 | 0.677 | 0.716 |
| 1600年 | | | | | | 1 | 0.691 |
| 725年 | | | | | | | 1 |

紹介しています。これを見ると，江戸時代にはすでに南関東に最も多くの人口が集積している状態になっていたことがわかります。それより以前には，最も人が多く集まっていたのは，畿内および畿内周辺だったようです。いずれにせよ，いわゆる関東，関西，東海地方に人が多く集まっているというパターンは古くから成立しており，この推定値が正しければ，奈良時代からの伝統であったわけです。これに対して，近年の傾向としては，関東への人口集中が進んでいることが顕著な特徴といえるでしょう。

　表 1.5 はどの程度各時代の人口分布が似通っているかを，各時代の地域人口シェアの相関係数を求めることで確認しています。この値が 1 に近ければ近いほど，二つの時代の人口分布の間に強い正の関係がある，つまり，「片方の時代においてシェアの大きな地域が，もう一つの時代においても大きなシェアを占める」という関係が強く観察されることを示しています。例えば，2020 年の地域人口シェアと 1975 年の地域人口シェアとの相関係数は 0.994 ときわめて 1 に近い値ですので，これら 2 時点の人口分布は非常に強い正の関係があるわけです。また，2020 年の地域人口シェアと 725 年の地域人口シェアとの間の相関係数でも 0.492 と，そう低くない値をとります。この値は，正の相関はありそうだ，というレベルですので，現在の人口分布と昔の人口分布とはある程度の関係があるといってもよいでしょう（統計学を勉強された方のために，その言葉で説明すると，有意水準 5% で，相関はないという帰無仮説は棄却されます。つまり，相関がない可能性は 5% 以下であるということです）。

**POINT**

　いわゆる大都市部への人口集中はかなり昔から現在まで続く日本の地域の特徴です。

# 3　人口集中の様子

　これまで，日本の地域の様子を，人口規模に注目して見てきました。そこで確認できたのは，多くの人が特定の地域，いわゆる大都市に偏って住んでいる，ということでした。ここでは，その様子を視覚的に見てみましょう。**図 1.1** は

**CHART** 図1.1 市区町村人口密度（人/km², 2020年）

```
□ 0～100
▨ 100～500
▨ 500～1000
▨ 1000～5000
■ 5000～23182
```

（出典）　総務省「国勢調査」。

市区町村の人口密度を日本地図上で表現したものです。

　人口密度は市区町村の面積1平方キロ当たり何人が住んでいるか，で定義しています。なお，ここでは可住地面積ではなく，総面積で人口密度を求めています。図の中で，色が濃いほど人口密度が高いことを表しています。これを見ると，やはり，東京，大阪，名古屋といった三大都市を中心に，その周辺部で人口密度が著しく高いことがわかります。また，北九州，福岡，広島，仙台，札幌といった，広域地域の中心となる都市，いわゆる**地方中枢都市**の辺りも人口密度が高くなっています。さらに，各都道府県の県庁所在地が，それ以外よりは人口密度が高いことも確認できます。

| | |
|---|---|
| □ | 0 ～ 0.1 |
| ▨ | 0.1 ～ 0.2 |
| ▩ | 0.2 ～ 0.3 |
| ■ | 0.3 ～ 0.76 |

（出典）　総務省「国勢調査」。

## 産業構造

　こうした人口密度のパターンを，他のデータのパターンと比べることで，都市部の特性をざっくりとつかむことができます。まず産業構造について簡単に見てみましょう。図1.2は農林水産業を中心とする第一次産業に従事する就業者の，全就業者に占める比率を市区町村ごとに求め，それを図示したものです。

　色が濃いほど第一次産業従事者の比率が高いことを表しています。これと図1.1を比べると，人口密度の高いところでは，第一次産業以外の産業に従事する人が多く，人口密度の低いところでは第一次産業に従事する人が多いことがわかります。都市部で製造業を中心とした第二次産業，卸売・小売・サービス業などの第三次産業に従事する人が多く，人口密度の低い地域で第一次産業が盛んであることは，農業がある程度広い土地を必要とすることからも想像でき

図1.3　市区町村別65歳以上人口比率（2020年）

| | |
|---|---|
| □ | 0～0.3 |
| ▨ | 0.3～0.4 |
| ▩ | 0.4～0.5 |
| ■ | 0.5～0.652 |

（出典）　総務省「国勢調査」。

ます。

## 年齢構成

　また，第一次産業において後継者不足が叫ばれているニュースを目にする機会もあると思いますが，こうした産業構造は，年齢構成にも直結しています。図1.3では65歳以上の人口比率を示していますが，第一次産業の比率の高いところで色が濃く，高齢者比率が高くなっていることがわかります。

　言い換えると，働き盛りの人が多いのは，第二次産業，第三次産業を中心とした地域で，そこに人が多く集まっているわけです。この傾向は，日本全体の時間を通じた変化を反映しているとも考えられます。さまざまな国において，経済が成長するとともに，中心産業が第一次産業から第二次，そして第三次産

図1.4 市区町村別納税義務者一人当たり課税対象所得額
（千円，2020 年）

CHART

| | 0〜2500 |
| | 2500〜3500 |
| | 3500〜11215 |

（出典）　総務省「市町村課税状況等の調」。

業へと移行するという現象が観察され，それを提唱，確認した人の名前をとっ
てペティ・クラークの法則と呼ばれていますが，この法則が日本にも当てはま
ることはよく知られています。これを踏まえると，現在の若い世代の雇用を多
く吸収しているのは第二次，第三次産業であり，そのため，第一次産業の比率
の高い地域では相対的に高齢者比率が高くなっていると考えられるのです。

### 所得格差

　さらに，このことは，所得格差にも影響を及ぼします。図1.4 は納税義務者
一人当たりの課税対象所得額を描いており，色が濃いほど所得が高いことを表
しています。
　この図を見ると，特に大都市部を中心に所得が高くなっています。この状態

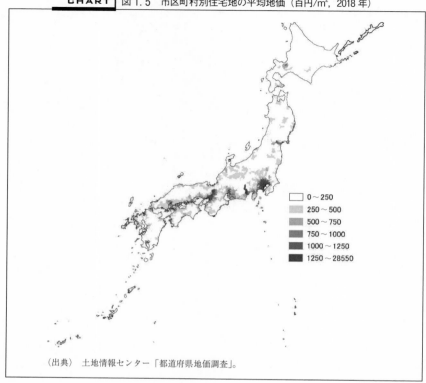

0〜250
250〜500
500〜750
750〜1000
1000〜1250
1250〜28550

（出典）　土地情報センター「都道府県地価調査」。

はどのように考えればよいでしょうか？ 所得の高いところに人が集まっている，と考えるべきでしょうか？ それとも，人が集まった結果，所得が高くなっているのでしょうか？ 後の章で詳しく説明しますが，どちらの可能性も考えられるのです。所得格差が人の移動を引き起こすことも実証的に確認されていますし，人が集まることで生産性が高くなり，所得を引き上げる可能性も理論・実証両面から指摘されています。両方のメカニズムが相互に作用しあって現状を生み出していると考えるべきでしょう。

## 地　価

　では，人は集まれば集まるほどよいのでしょうか？ もちろん，そんなことはありません。よく知られているように，大都市では住宅地価や家賃に代表さ

**Column❶-2　都市経済学，地域経済学，空間経済学……**

　都市問題や地域問題，それらに関わる政策に興味がある方々が，いざ勉強しようとすると，「都市経済学」や「地域経済学」，「空間経済学」，「経済地理学」，「土木工学」，「都市計画」など，いろいろな名前がついた教科書があり，どれを勉強してよいか迷ってしまうかもしれません。

　もちろん，それぞれに名前がついた理由があり，分野の間にはそれなりの関係があります。例えば，「都市経済学」は従来は主に都市部のみを考察対象にしてきましたし，「地域経済学」はより広い範囲を考察対象にしてきました。現在では先進国の多くで，地域の経済の中心を都市が担っており，両者を完全に区別して分析することに無理がありますので，これらの二分野は多くの部分が重なっています。また，こうした，「都市・地域経済学」と「国際経済学」も，従来は国境をまたいだ人口移動が少なかったため，人口移動の有無で明確に区分できていましたが，欧州連合（EU）に代表されるように，国境を越えた人口移動が活発になってきたことから，両者をまたいだ分析手法が開発されてきて，それをひとくくりにして，「空間経済学」という分野ができあがりました。

　こうした由来や関係性を知るのも興味深いのですが，必ずしもそれを知らなくても勉強を進めることはできますし，どこか一つから始めれば，芋づる式に他の分野にたどり着きますので，まずは自分の興味の持てそうなところを手がかりに，勉強してみてください。

　一つだけ念頭においておくと便利なのは，「××経済学」とついていれば，経済学の手法を，「××地理学」とついていれば，地理学の手法を，そして，「××工学」や「××計画」とついていると，工学系の手法を用いていることが多い，ということです。もちろん，いくつか例外はありますが，このことを意識しておけば，少なくとも手法の面では，思っていたのと違う，といった事態をかなり避けることができると思います。

れる生活のための費用が高くなり，それが人口集中のメリットの一部を打ち消してしまいます。図 1.5 は住宅地の平均地価を市区町村別に表していますが，大都市部ほど色が濃く，地価が高いことが確認できます。

　これも後の章で詳しく説明しますが，人口移動は人口集中のメリット・デメリットの相対的な大きさに応じて生じ，その二つの力がちょうど打ち消しあう

ときに人口移動が生じなくなると考えられています。メリットが大きい限りは人口集中が進み，デメリットが大きい限りは人口分散が進みますので，長期的にはその二つがちょうど釣りあう状態に向かいます。2020年の新型コロナ禍初期には，感染症への恐れから人口密集地が敬遠され，それ以前の流れとは逆に東京などの大都市から地方への移住が増えるかと思われました。実際，2020・21年には何カ月にもわたり東京都からの転出超過が続きました。しかし，一年を通じて見ると，東京23区は転出超過であったものの，東京都は転出超過にならず，周辺の埼玉県，千葉県，神奈川県とあわせて東京圏として見ると，かなりの転入超過のままでした。現状では，新型コロナ感染症による人口集中のデメリットは，従来の大都市への集中という大きな流れを変えるほどの影響力はないようです。しかし，新型コロナ感染症拡大を契機に広まったリモートワークなども人口集中のメリット・デメリットを左右すると考えられます。こうした新たな技術や習慣の影響が長期的にどのように人口分布を左右するかについての分析も都市・地域経済学の課題の一つです。

**POINT**

人口分布に対応するように，さまざまな地域差が観察されることに注意してください。

**EXERCISE ●練習問題**

自分で面白い，と思えるような地域間の差を探してみてください。都道府県に注目した方がよいのか，広域地域に注目した方がよいのか，といった，地域区分についても工夫してみてください。

第**2**章

# 地域の産業構造

## どこで何が作られている？

　前の章では，人口分布に注目して，地域の違いについて見てきました。そこで，多くの人が集中している地域もあれば，面積の割に人が少なく，人口密度の低い地域もあることが確認できました。後者については，その地域経済の停滞との関連もよく議論され，地域経済活性化，まちおこし，むらおこし，といった活動が活発に行われています。こうした活動については，新聞やテレビでも聞くことが多いと思いますが，これらは何を指しているのでしょうか？　何が達成されれば，地域経済が活性化したと判断できるのでしょうか？　一つの基準は，前の章で見た地域の人口規模かもしれません。もしくは，地域の若年者人口比率が上がることかもしれません。本来は，こうした判断は個人個人に委ねられています。しかし，実際には，多くの人が重視する要因に注目し，議論を進めていくことが多いのです。上に挙げた二つの基準の他に，多くの人が重要だと思っているものに，地域の経済活動がどの程度活発か，という基準があります。

　この章では，地域の経済活動の活発さを表す指標として，県内総生産という考え方を紹介し，それを用いて地域の違いを特徴付けてみましょう。さらに，この県内総生産がどのような要因で決まるのかについての初歩的な考え方を紹介します。

# 1 県内総生産

　私たちは基本的には，自分が提供できるもの（労働や持っているもの）を，貨幣を通じて自分の欲しい物と交換しながら生活をしています。この交換活動が活発であれば，経済活動が活発であると考え，その全体像をつかむ目的で考え出された指標が，国内総生産（GDP: Gross Domestic Product），もしくは国民総生産（GNP: Gross National Product）という考え方で，一定期間にどれだけの価値の最終消費財・サービスが生み出されたかを集計します。その際，日本に住んでいるかどうかを問わず，日本国内で経済活動をした人全員について集計したものを GDP，日本に住んでいる人について集計したものを GNP と呼びます。前者は場所に注目するため，属地主義（国内概念），後者は人に注目するため，属人主義（国民概念）と呼ばれたりもします。GDP にせよ，GNP にせよ，どれだけの価値が生み出されたかという生産面だけからだけでなく，人々が最終的に消費するものやサービスにどの程度支出したのかに注目し，支出面から定義することも，また，その生み出された価値が誰に分配されたのかに注目し，分配面から定義することもできます。これを三面等価の原則と呼びます。どの側面から見るべきかは一概には決まらず，国民経済計算には，必要に応じて見方を変えられるように，いずれの見方も紹介されています。

　こうした総生産という見方は，地域を眺める際にも有効で，GDP の都道府県版である，**県内総生産**（GPDP: Gross Prefectural Domestic Product）という指標が考え出され，県民経済計算において報告されています。これは，都道府県内において，一定期間に生み出された最終消費財・サービスの価値を集計したものです。

## ▋県民経済計算における注意点▋

　もちろん，この場合も，必要に応じてさまざまな調整が施されます。まず，ここでも**属地主義**（県内概念）と**属人主義**（県民概念）の区別があり，前者のもとでは，都道府県内の経済活動が集計され，県内総生産に，後者のもとでは，

都道府県内に住む人で集計され，県民総生産になります。また，工場や機械などのように，利用されていくうちに摩耗したり陳腐化するものは，時間とともにその価値が減ると考えられるわけですが，この減価分を固定資本減耗として差し引くこともあります。これを差し引く前を「総生産」，差し引いた後を「純生産」と呼びます。最後に，市場価格で表示する場合と，そこから税や補助金の影響を除いた要素価格で表示する場合とがあります。

### ▎県内総生産関連の指標 ▎

県内総生産に関連してよく使われる指標とそれらの間の関係を以下に簡単に紹介しておきます。

- 県内産出額＝最終生産物生産額＋中間投入額
- 県内総生産（＝県内総支出）＝県内産出額－中間投入額
- 県内総支出＝民間最終消費支出＋政府最終消費支出＋県内総固定資本形成
  ＋移出入等
- 県内純生産＝県内総生産－固定資本減耗

（以上，市場価格表示）

- 要素価格表示県内純生産＝市場価格表示県内純生産－間接税＋補助金

（以下，要素価格表示）

- 県民純生産＝県内純生産＋県外からの（純）所得＝県民所得

**POINT**

都道府県の経済活動の活発さを表す指数が県内総生産です。

# 2 地域の産業構造

### ▎地域の産業シェア ▎

では，県民経済計算を用いて，地域の経済活動の特徴を見ていくことにします。県民経済計算では，どの産業でどれだけ付加価値が生み出されたのかをまとめた，経済活動別県内総生産が都道府県ごとに報告されていますので，それ

| 地域における産業シェア (%) | 農林水産業 | 鉱業 | 製造業 | 電気・ガス・水道・廃棄物処理業 | 建設業 | 卸売・小売業 | 運輸・郵便業 | 宿泊・飲食サービス業 |
|---|---|---|---|---|---|---|---|---|
| 北海道・東北 | 3.1 | 0.2 | 16.9 | 3.6 | 7.8 | 11.5 | 5.6 | 2.6 |
| 関東 | 0.5 | 0.0 | 18.1 | 2.7 | 5.6 | 14.2 | 4.8 | 2.4 |
| 中部 | 0.7 | 0.0 | 36.4 | 2.3 | 4.8 | 10.1 | 5.0 | 2.3 |
| 近畿 | 0.4 | 0.0 | 22.6 | 3.7 | 4.6 | 12.9 | 5.7 | 2.7 |
| 中国 | 1.0 | 0.1 | 28.3 | 3.2 | 5.6 | 10.4 | 5.5 | 2.7 |
| 四国 | 2.3 | 0.1 | 22.2 | 3.2 | 5.8 | 10.5 | 5.4 | 2.7 |
| 九州 | 2.4 | 0.1 | 16.5 | 3.2 | 6.9 | 11.5 | 5.9 | 3.0 |
| 全国 | 1.1 | 0.1 | 22.0 | 3.0 | 5.7 | 12.5 | 5.2 | 2.5 |
| 産業における地域シェア (%) | 農林水産業 | 鉱業 | 製造業 | 電気・ガス・水道・廃棄物処理業 | 建設業 | 卸売・小売業 | 運輸・郵便業 | 宿泊・飲食サービス業 |
| 北海道・東北 | 32.5 | 36.2 | 8.6 | 13.4 | 15.4 | 10.3 | 11.9 | 11.8 |
| 関東 | 20.6 | 28.5 | 33.8 | 36.9 | 40.0 | 46.5 | 37.9 | 38.7 |
| 中部 | 10.1 | 8.3 | 25.7 | 12.0 | 13.2 | 12.6 | 14.8 | 14.1 |
| 近畿 | 5.4 | 2.9 | 15.5 | 19.1 | 12.3 | 15.6 | 16.6 | 16.5 |
| 中国 | 5.0 | 4.8 | 6.9 | 5.7 | 5.3 | 4.5 | 5.6 | 5.2 |
| 四国 | 5.5 | 4.0 | 2.6 | 3.0 | 2.6 | 2.1 | 2.6 | 2.8 |
| 九州・沖縄 | 20.8 | 15.3 | 6.9 | 10.0 | 11.2 | 8.5 | 10.5 | 11.0 |
| 全国 | 100 | 100 | 100 | 100 | 100 | 100 | 100 | 100 |

（出典）　内閣府「県民経済計算」。

を用います。表 2.1 の上の表は，それぞれの産業が，全産業の県内総生産のうちどれだけを占めるのかを，広域地域についてまとめたものです。

　これを見ると，それぞれの地域で，どの産業が主なのかを判断することができます。例えば，中部地方を見てみましょう。ここでは製造業が約 3.6 割を占め，最も高くなっています。これはトヨタという世界的な自動車メーカーを抱える地域であることとも整合的でしょう。また，関東や近畿では卸売・小売業や情報通信業，金融・保険業といったいわゆる第三次産業のシェアの高さが特徴的です。前の章で，人口密度の高いところでは第一次産業従事者比率が低い

| 情報通信業 | 金融・保険業 | 不動産業 | 専門・科学技術, 業務支援サービス業 | 公務 | 教育 | 保健衛生・社会事業 | その他のサービス | 全産業 |
|---|---|---|---|---|---|---|---|---|
| 3.1 | 3.4 | 11.5 | 6.6 | 6.5 | 4.2 | 9.1 | 4.2 | 100 |
| 6.6 | 5.5 | 12.2 | 9.1 | 4.2 | 3.2 | 6.3 | 4.4 | 100 |
| 2.8 | 3.2 | 9.4 | 5.9 | 3.5 | 3.4 | 6.3 | 3.8 | 100 |
| 4.0 | 3.7 | 12.0 | 7.3 | 3.4 | 4.1 | 8.3 | 4.5 | 100 |
| 2.9 | 3.3 | 9.6 | 5.8 | 4.9 | 4.2 | 8.8 | 4.0 | 100 |
| 3.0 | 4.0 | 9.9 | 5.4 | 5.6 | 4.7 | 10.2 | 4.7 | 100 |
| 4.1 | 3.6 | 10.2 | 7.0 | 5.8 | 4.8 | 10.3 | 4.6 | 100 |
| 4.7 | 4.3 | 11.3 | 7.6 | 4.4 | 3.7 | 7.5 | 4.3 | 100 |

| 情報通信業 | 金融・保険業 | 不動産業 | 専門・科学技術, 業務支援サービス業 | 公務 | 教育 | 保健衛生・社会事業 | その他のサービス | 全産業 |
|---|---|---|---|---|---|---|---|---|
| 7.3 | 8.9 | 11.4 | 9.7 | 16.3 | 12.6 | 13.4 | 10.9 | 11.2 |
| 57.7 | 52.5 | 44.5 | 49.3 | 38.7 | 35.6 | 34.4 | 41.8 | 41.0 |
| 9.2 | 11.5 | 13.0 | 12.0 | 12.2 | 14.0 | 13.1 | 13.8 | 15.5 |
| 12.9 | 13.0 | 16.1 | 14.5 | 11.5 | 16.7 | 16.8 | 15.8 | 15.1 |
| 3.3 | 4.1 | 4.6 | 4.1 | 5.9 | 6.1 | 6.3 | 4.9 | 5.4 |
| 1.6 | 2.4 | 2.2 | 1.8 | 3.3 | 3.2 | 3.5 | 2.8 | 2.6 |
| 8.0 | 7.6 | 8.3 | 8.5 | 12.2 | 11.7 | 12.6 | 9.9 | 9.2 |
| 100 | 100 | 100 | 100 | 100 | 100 | 100 | 100 | 100 |

ことを見てきましたが，ここでも，大都市を抱える地域では農林水産業の割合が低くなっていることが確認できます。しかし，農林水産業の割合が他の地域に比べて相対的に高い北海道・東北でも，意外にその割合は低く，どこでも1割未満です。日本全国で第一次産業の占める割合が低下しているといえるでしょう。また，いわゆる地方では建設業，公務の割合が相対的に高いことも確認できます。このことは，こうした地域における公的部門への依存を反映していると考えられます。

　表 2.1 の上の表では，それぞれの地域での産業の割合を見たわけですが，こ
れでは，ある産業がどこに集中しているのか，は判断できません。例えば，出
版関係の企業は極端に首都圏に集中していることが知られていますが，その事
実はこの表からはわかりません。そこで，それぞれの産業の生み出した付加価
値が，どの地域でどれほどの割合で生み出されたのかを見てみましょう。

　表 2.1 の下の表は，産業ごとの県内総生産に占める地域のシェアをまとめて
います。これを見れば，大雑把ではありますが，ある産業がどこに集中してい
るかを把握できます。例えば，農林水産業を見てみましょう。ここでは，北海
道・東北，関東，九州の割合が高く，日本の農林水産業はこれらの地域で主に
行われていることがわかります。また，製造業では関東と中部が高く，これら
の二地域で 6 割近くの付加価値が生み出されています。もちろん，人口に比例
的に生産活動が行われるような業種では，人口分布に似たような割合になるわ
けですから，人口割合との比較も重要です。第 1 章の表 1.4 の人口分布を見る
と，2020 年の関東の人口割合は 4 割弱ですから，これよりも著しく割合の高
い産業は関東に集中している，と考えてもよいでしょう。例えば，卸売・小売
業，情報通信業，金融・保険業，専門・科学技術，業務サービス業などは人口
割合よりも高く，関東に集中しているわけです。第三次産業の重要性が増して
いることを踏まえると，東京一極集中が進んでいるという意見にも納得がいく
のではないでしょうか。

**POINT**

　　ある地域でどの産業が中心なのか，そして，ある産業の中心がどの地域なのか，
という二つの見方があります。

 **3　地域間のつながり**

**地域間交易**

表 2.1 で見たように生産活動が地域に偏っているのであれば，それぞれの地

## Column ❷-1　地域の産業と物産展

　皆さんは物産展やアンテナショップはお好きでしょうか？　私は好きです。特に，北海道と九州のものが大好きです。どうやら私は大変に平凡な人間のようで，ブランド総合研究所が実施した「アンテナショップ利用実態調」の結果によると，都内にあるアンテナショップ利用率ランキングで，1位と2位が北海道と沖縄のアンテナショップだったそうです（2022年10月11日『マイナビニュース』https://news.mynavi.jp/article/20221011-2477222/，2023年9月20日最終確認）。

　地域の産業と言葉でいっても，あまりピンとこない人もいるでしょう。学生時代はもちろん，仕事をしていても，自分が携わる業種以外は接点がありませんので，産業，といわれても，なかなか身近に感じられないことも多いと思います。地域ごとに違った産業があるのだ，ということを手軽に実感できる（かもしれない）のが物産展です。機会があれば足を運んで，普段自分が店で見かけるものとどれだけ違うものがあるのか，少し意識して見てみると面白いと思います。

物産展（写真提供：共同通信社）

域で暮らす人々は，まったく異なる暮らしをしているでしょうか？　もちろん，ある程度の文化の差や生活の差はあるでしょうが，ある程度は同じような暮らしをしている，というのが普通のイメージでしょう。こうしたイメージは的外れなものではなく，それぞれの地域で生産された物は日本全国へと運ばれ，今日では，かなりの物やサービスが，日本全国で同じように利用可能になってい

ます。このことは，ある地域で生産された物やサービスが，他の地域へと移出されていることで可能になっているのです。国境をまたいで財やサービスをやりとりすることを輸出，輸入，そして，それらをまとめて貿易と呼びますが，国内の地域間でのやりとりには**移出，移入，交易**という言葉を使うことが多いようです。実際，移出，移入は，輸出，輸入に比べてはるかに盛んに行われています。この盛んさを見る指標の一つが，移出依存度，移入依存度です。これらは，県内総生産に対する移出額，移入額の比率をパーセントで表したものです。2007年度と古い数字を紹介しているのは，最近の「県民経済計算」では移出と移入がまとめられて純移入のみが報告されており，移出・移入それぞれの大きさがわからなくなっているためです。**表2.2**にはこれらの高い都道府県，低い都道府県をまとめてみました。

　移出，移入ともに，高い県だと100%を超えています（100%を超えうるのは，移出額，移入額が中間投入を含むものであるのに対して，県内総生産はそれを除いたものであるためです）。また，低い県でも30%程度はあります。これがどのくらいの数字なのでしょうか？　同様の指標は輸出，輸入についてもつくることができます。国内総生産に対する輸出額，輸入額の比率である輸出依存度，輸入依存度です。比較として同じころ（2006年）の日本について見てみると，これらは両方とも20%より低くなっています。日本が外国としているやりとりと比べると，国内の都道府県間でははるかに盛んにやりとりが行われているといってよいでしょう。

## 移出入のパターン

　では，どこが何を移出しているのでしょうか？　これを見るためには，地域の移出額と移入額の比率に注目します。この比率が1を超えると，移出額が移入額を上回るわけですから，その地域はその産業の移出元になっていると考えられるわけです。28ページの**表2.3**はこの指標を表しています。ここでも2005年と古い数字を紹介していますが，これは，元にした「地域間産業連関表」の作成が2005年で終わってしまったためです。

　この表はかなりイメージ通りではないでしょうか？　いわゆる地方は第一次産業の移出元に，都市部は第三次産業の移出元になっています。工業が盛んな

| 移出依存度（%） | | 移入依存度（%） | |
| --- | --- | --- | --- |
| 高い都道府県 | | 高い都道府県 | |
| 三重県 | 121.99 | 三重県 | 115.82 |
| 栃木県 | 113.89 | 和歌山県 | 94.26 |
| 山口県 | 110.53 | 山口県 | 94.18 |
| 滋賀県 | 104.05 | 栃木県 | 92.35 |
| 静岡県 | 102.74 | 香川県 | 91.60 |
| 群馬県 | 102.61 | 群馬県 | 89.10 |
| 茨城県 | 99.21 | 茨城県 | 87.95 |
| 香川県 | 95.27 | 山梨県 | 87.92 |
| 岡山県 | 91.29 | 兵庫県 | 84.56 |
| 和歌山県 | 91.19 | 静岡県 | 83.70 |
| 低い都道府県 | | 低い都道府県 | |
| 鳥取県 | 53.52 | 高知県 | 55.33 |
| 長崎県 | 50.00 | 鹿児島県 | 53.67 |
| 秋田県 | 49.65 | 熊本県 | 52.08 |
| 宮城県 | 48.08 | 青森県 | 51.03 |
| 青森県 | 47.86 | 新潟県 | 49.60 |
| 鹿児島県 | 46.47 | 福岡県 | 47.45 |
| 熊本県 | 46.06 | 東京都 | 47.41 |
| 宮崎県 | 44.99 | 宮城県 | 44.44 |
| 北海道 | 31.52 | 大阪府 | 41.87 |
| 高知県 | 30.84 | 沖縄県 | 40.10 |
| 沖縄県 | 27.93 | 北海道 | 39.76 |

（出典）内閣府「県民経済計算」。

イメージのある中部や中国地方は製造業の製品を移出しています。

**POINT**

国内の地域間の交易は外国との貿易よりもはるかに活発に行われています。

| | 農林水産業 | 鉱　業 | 飲食料品 | 金　属 | 機　械 | その他の製造業 |
|---|---|---|---|---|---|---|
| 北海道 | 3.44 | 2.70 | 1.62 | 0.78 | 0.26 | 0.61 |
| 東　北 | 2.75 | 1.76 | 1.60 | 0.89 | 1.11 | 0.71 |
| 関　東 | 0.40 | 0.46 | 0.78 | 0.65 | 0.94 | 0.94 |
| 中　部 | 0.64 | 0.76 | 0.85 | 1.06 | 1.49 | 1.26 |
| 近　畿 | 0.16 | 0.74 | 0.91 | 1.24 | 1.15 | 1.11 |
| 中　国 | 0.86 | 0.84 | 0.88 | 1.79 | 1.12 | 1.67 |
| 四　国 | 3.25 | 1.91 | 0.90 | 1.14 | 0.63 | 1.40 |
| 九　州 | 3.26 | 1.95 | 1.64 | 0.97 | 0.46 | 0.48 |
| 沖　縄 | 1.05 | 14.14 | 0.31 | 0.14 | 0.03 | 0.12 |

（出典）　経済産業省「地域間産業連関表（12 部門）」。

# 4. 県内総生産の決定要因

　ここまで見てきた県内総生産を左右する要因は何でしょうか？　ここでは，伝統的な二つの考え方を簡単に紹介しましょう。一つは**需要主導型モデル**で，もう一つが**供給主導型モデル**です。前者は，需要側を重視し，需要に見合った供給が実現すると考えます。大事なのは需要側で，供給側は自動的に調整される，と考えるため，需要主導型と呼ばれます。後者は，供給に見合った需要が実現すると考えます。こちらは，大事なのは供給側で，作られたものはすべて価格調整を通じて需要される，と考えるため，供給主導型と呼ばれます。

### 需要主導型モデル

　需要主導型モデルでは，需要サイドが，どのように支出を行っているのかを詳しく記述するところから始めます。生み出された総付加価値（$Y$）は，消費（$C$），投資（$I$），（地方）政府支出（$G$），純移出（＝移出（$X$）－移入（$M$））のいずれかに支出されます（というよりは，支出をこれらのいずれかに振り分けるといった方が正確かもしれません）。

| 建 設 | 公益事業 | 商業・運輸 | 金 融・保険・不動産 | 情報通信 | サービス |
|---|---|---|---|---|---|
| 0.06 | 0.08 | 1.21 | 0.32 | 0.19 | 0.63 |
| 0.10 | 7.57 | 0.85 | 0.12 | 0.08 | 0.31 |
| 5.30 | 0.23 | 1.34 | 9.29 | 12.49 | 3.06 |
| 0.40 | 1.84 | 0.66 | 0.13 | 0.16 | 0.44 |
| 2.91 | 0.90 | 1.12 | 2.21 | 0.24 | 0.93 |
| 0.27 | 0.82 | 0.77 | 0.15 | 0.10 | 0.35 |
| 0.04 | 5.23 | 0.77 | 0.68 | 0.13 | 0.31 |
| 0.08 | 0.83 | 0.95 | 0.21 | 0.13 | 0.51 |
| 0.09 | 0.09 | 1.26 | 0.58 | 0.20 | 1.09 |

$$Y = C + I + G + X - M \tag{1}$$

　その上で，消費や投資は，地域内の経済状況に左右されると考え，地域の総付加価値に依存するとします。また，移入は，地域内での支出（消費，投資，政府支出）によって決まるとします。ここでは最も簡単に，依存関係を比例的な関係で表現しておきます。つまり，

$$C = cY, \quad I = iY, \quad M = m_0 C + m_1 I + m_2 G$$

とするわけです。ここで，小文字のアルファベットは 0 と 1 の間の定数であるとします。つまり，消費 $C$ は総付加価値 $Y$ の $100c\%$ を占める，というわけです。これらを式 (1) に代入すると，

$$Y = cY + iY + G + X - (m_0 C + m_1 I + m_2 G)$$
$$= cY + iY + G + X - (cm_0 Y + im_1 Y + m_2 G)$$

となります。これをさらに整理すると，

$$Y = \frac{X + (1 - m_2)G}{1 - c - i + cm_0 + im_1} \tag{2}$$

となります。このモデルでは，移出および政府支出は，地域内の経済活動以外の影響が強く，モデルの外で決まる変数として扱います。こうした場合，$G$ お

よび $X$ を外生変数，それ以外の変数を，モデルの中で決まる変数ということで，内生変数と呼びます。移出はこの地域以外のすべての地域の状態により決まりますので，地域内の状態に左右されない，と考えます。こうした考え方は，都道府県単位であればおおむね妥当であると思われます。一つの県からの移出は，他県すべての状態に依存しますので，その注目している県のことだけを考えるのであれば，一定であると見なしてさほど差し支えないでしょう。しかし，例えば，東京のように，突出して大きな都道府県の場合は，この限りではないでしょうから，修正が必要になります。また，政府支出も，現在の日本では，多くの都道府県が地方交付税などを通じて中央政府の関与を強く受けており，地域内の経済活動に必ずしも連動して変化するとは考えにくい状況ですので，外生変数としています。

　式（2）に現れているように，このモデルでは，民間の経済活動としては，**移出が地域内の経済活動を大きく動かす**役割を果たします。つまり，移出される物やサービスを生産する産業，移出産業が地域内の経済活動を左右するという意味で**基盤産業**になっている，と考えています。そこで，このモデルは，**経済基盤モデル**と呼ばれています。ちなみに，この場合，地域の中に向けて財やサービスを提供する部門である域内産業は非基盤産業と呼ばれます。移出がどれだけ地域内の付加価値に寄与するかは $1/(1-c-i+cm_0+im_1)$ で表されます。これは，移出が，いわゆる**乗数効果**と同じような効果を持つことを示しています。例えば，$c=0.4$，$i=0.1$，$m_0=m_1=0.1$ であれば，$1/(1-c-i+cm_0+im_1) \doteqdot 1.8$ となります。これは，移出が1億円増えると，地域内総生産が約1.8億円増えることを意味します。式（1）から，この裏では，移出の増加によって，連鎖的に総生産の増加が生み出されていることがわかります。移出が1億円増えれば，まず，直接総生産が1億円増えます。これが所得となり，消費と投資を増やし，さらに総生産を増やします。一部は移入に回ってしまうものの，この連鎖が続くため，結果として，最初の1億円の1.8倍の効果に至るのです。

　なお，ここでは生産された付加価値の関係で記述していますが，雇用量の関係でモデルを記述することも可能です。地域内の総人口を $N$ で表し，その内，雇用されている人の数を $L$，その総人口に占める比率を $l$ と表しておきます

（$Nl=L$）。$l$ は 0 と 1 の間の定数です。総雇用量 $L$ の内，移出産業での雇用量を $L_X$，公的部門での雇用量を $L_G$，これら以外の産業の雇用量を $L_D$ で表すと，当然，

$$L=L_X+L_G+L_D \tag{3}$$

という関係が恒等的に成り立ちます。ここで，$L_D$ は地域内で主に消費される財やサービスを提供する産業での雇用量ですので，地域内の総人口 $N$ に依存するでしょう。ここでもその依存関係を比例的に仮定し，また，雇用されている産業によって域内産業への影響が異なる可能性も考慮して，$L_D=d_0N+d_1L_X$$+d_2L_G$ と定式化しておきます。ここでも小文字のアルファベットは正の定数で，$d_0$ は $l$ より小さいとします。この式を式（3）に代入すると，

$$L=L_X+L_G+d_0N+d_1L_X+d_2L_G$$
$$=L_X+L_G+d_0L/l+d_1L_X+d_2L_G$$

ですので，これを整理して，

$$L=\frac{(1+d_1)L_X+(1+d_2)L_G}{1-d_0/l}$$

を得ます。この式は，県内総生産を分析した式（2）に対応し，地域の総雇用量が，基盤産業での雇用量と，政府部門での雇用量によって決まることを示しています。この場合，基盤産業の雇用量変化に対して，地域の総雇用量がどの程度変化するかを表す**雇用乗数**を得ることができ，それは，$(1+d_1)/(1-d_0/l)$ で表されます。

　なお，地域における基盤産業と非基盤産業との区別は，特化係数によって行われることが多いようです。**特化係数**とは，その地域における全就業者に占めるある産業の就業者比率を，全国における全就業者に占めるその産業の就業者比率で割ったものです。これが 1 より高ければ，その地域には，その産業に従事する人が全国に比べて多いことを表していますので，その産業に特化していると考え，それを地域の基盤産業と判断するわけです。

## ┃ 供給主導型モデル ┃

　供給主導型モデルでは，どのように生産が行われるかを詳しく考えます。物

やサービスが生産される様子を生産関数で表現するところから始め，ミクロ経済学で出てきた利潤最大化を通じた生産量の決定の枠組みを用います。ここで生産されている財の価格はいくらでもかまいませんので，表記を簡単にするために，その価格を1としておきましょう。ミクロ経済学で説明されているように，世の中のすべての財やサービスの価格が同時に2倍になっても，実際の暮らしには影響はありません。すると，価格というものは，相対的にしか意味がない，ということがわかります。それならば，どれか一つの財の価格（例えば，日本円などのお金）の価格を基準にして，つまり，その価格を1にして，他の財やサービスの価格を測ってしまえばよいわけです。こうして価格を1に設定した財のことを**価値基準財**（ニュメレール財）と呼びます。こうした価値基準財の生産関数を，

$$Y = F(L)$$

と表しておきます。ここで，価値基準財の価格は1で，それを生産していると考えていますので，生産量がすなわち生産額になることに注意してください。また，生産量は地域内の雇用量 $L$ に応じて決まります。もちろん，生産量は労働力以外の生産要素投入量，および，技術水準などによっても決まりますが，そうした要因は説明を簡単にするために省略しています。詳しくはウェブサポートページの補論を見てください。$F(L)$ は他の生産要素投入量を一定とした上でこうした雇用量と生産量との対応関係を一般的に表現したものだと考えてください。どのように対応しているのかは，横軸に雇用量 $L$ をとった図2.1で表現しています。

つまり，雇用量が多いほど生産量が増えますが，その増え方が鈍るような対応関係を想定しているわけです。ここでは $F(L)$ がどんな式になるのか特定化していませんが，そのグラフが図2.1のような形状になる式であればどんなものでもかまいません。

利潤は生産額 $Y$ から雇用への支払い $wL$ を引いたものです。$w$ は賃金水準です。ここでは，あたかも地域内には企業が一つしかなく，その企業の利潤最大化により，地域の総生産が決まると考えます。こうした企業のことを代表的企業と呼びます。この考え方が可能なのは，ウェブサポートページの補論で触

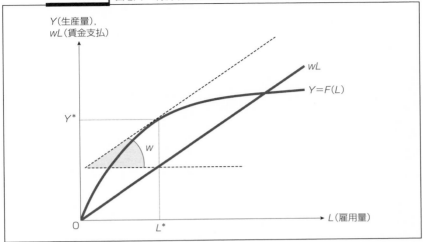

**CHART** 図2.1 利潤最大化の様子

れている，生産における規模に関する収穫一定という仮定があるためです。この場合，実際には無数の企業があるわけですが，それらを代表させる形で一つのみ取り出して，それを企業数倍すればよいことになるため，初めから一つとして扱うのです。また，その際，企業は賃金も含む価格を所与として行動する，つまり，プライステイカーであるとします。このように，供給主導型モデルでは，**企業による生産が総生産を規定する**と考えるのです。

　図2.1の中に，雇用への支払い $wL$ も描いてありますが，これは傾きが $w$ の右上がりの直線になります。すると，利潤は，$Y=F(L)$ と $wL$ との差が最も大きくなるような雇用量のもとで，最大になります。これは，$Y=F(L)$ の接線の傾きが $w$ になるときに達成されますので，利潤を最大にする雇用量およびそのときの生産量は図2.1の $(L^*, Y^*)$ のように表されます。最後に，賃金 $w$ は，$L^*$ が地域内の労働供給量に等しくなるように決まります。

　この供給主導型モデルの特徴は，生産関数 $F(L)$ の形状やここで明記していない条件が同じであれば，労働力という生産要素の移動によって，どの地域の雇用量および生産量も同じになってしまう，という点です。今，二つの地域 1 と 2 があり，地域 1 では賃金 $w$ のもとで，$(L^*, Y^*)$ という雇用量，生産量の組み合わせが，地域 2 では賃金 $w'$ のもとで，$(L', Y')$ という雇用量，生産量の組み合わせが達成されているとします。ここで，$w>w'$，つまり，地域 1

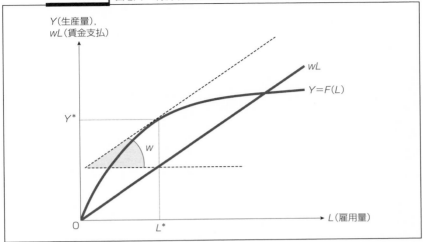

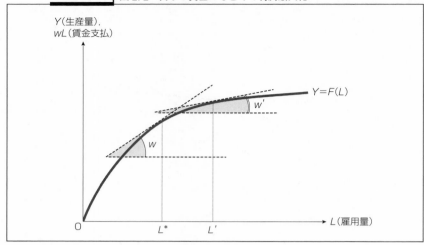

CHART 図2.2 異なる賃金のもとでの利潤最大化

$Y$（生産量）,
$wL$（賃金支払）

$Y=F(L)$

$w'$

$w$

O　　　$L^*$　　　$L'$　　　$L$（雇用量）

の方が地域2よりも賃金が高くなっているとしましょう。すると，生産要素である労働の移動がなければ，図2.2で描かれているように，雇用量は地域2の方が多く，生産量も多くなります。

　ここで，労働者が，賃金の低い地域から高い地域へと移動したらどうなるでしょうか？　当然，地域2から地域1へと労働移動が生じ，地域1の労働供給を増やし，地域2の労働供給を減らします。結果，地域1の賃金を引き下げ，地域2の賃金を引き上げることになります。こうした移動は賃金格差がある限りは続くため，結局，地域の間の賃金格差，および，雇用量・生産量格差は移動により解消されていき，すべての地域で雇用量，生産量は等しくなるのです。この枠組みでは，地域間でこうした格差が続くのは，生産関数 $F(L)$ の形状やここで明記していない条件が異なる場合です。ここで明記していない条件としては，土地などの移動不可能な生産要素がどれくらい地域にあるのか，また，地域の技術水準がどの程度か，といったことなどが挙げられます。

　以上で紹介した，需要主導型モデルも供給主導型モデルも，それぞれに極端な考え方です。実際には，時によってどちらが重要であるか異なりますし，どちらも等しく重要であることもありえます。そこで，両者の特徴を併せ持ち，需要側と供給側の相互作用を持つようなモデルも考案され，累積的因果関係モデルと呼ばれています。また，技術水準などの固定して考えていた要素の決定

要因も詳細に検討され，内生的経済成長モデルのように，その決定までも論じることのできるような枠組みも開発されています。

POINT

　県内総生産の決定要因として，需要側を重視する考え方と供給側を重視する考え方があります。また，それらの中間の考え方や発展形も考案されています。

# 5 産業連関分析

　県民経済計算では，中間投入と中間需要が相殺され，結果として残る付加価値，そして，その裏返しの最終需要に焦点が当てられていました。これは，結局地域経済全体としてはどうなっているのか，という疑問に答えるのには有効な手段ですが，もう少し詳しい様子が知りたいということもあるでしょう。どの産業がどこから中間投入を購入し，それがどのように生産額に結びついたか，また，生産した物がどこにどれだけ使われたか，といったことがらを把握する方法はないのでしょうか？　こうした疑問に答える一つの方法が，**産業連関分析**です。産業連関分析では，産業ごとに産出物がどこに販売されたか，また，生産のための投入をどこから調達したかを明記し，それを一覧表にします。さらに，その一覧表に，最終需要と付加価値も付け加えて，取引の様子がわかるようにするのです。こうして作成された表を**産業連関表**と呼びます。本来はもっと多くの産業に分類されているのですが，説明の簡単化のため産業が二つ（第1産業と第2産業）だけの場合を仮に想定すると，産業連関表は，次ページの**表2.4**のようになります。

　この表の行はそれぞれの産業で生み出された生産額がどこに使われたかを表しており，列は，それぞれの産業がどこから中間投入を調達し，どれだけ付加価値を生み出したのかを表しています。すなわち，第1産業で生産された生産額を $Y_1$ とすると，そのうち，中間需要として $y_{1i}$ だけ第 $i$ 産業の生産に使われ，最終需要として $Z_1$ だけ消費や投資に使われ，$X_1$ だけ移出に使われ，さらに，$M_1$ だけよそから移入していることを表しているのです。行の各項目を加減した生産額と列の和の生産額は等しくなることに注意してください。$y_{1i}$ は第 $i$

| 需要\供給 | | 中間需要(A) | | 最終需要(B) | | 移入(C) | 生産額 (A+B−C) |
|---|---|---|---|---|---|---|---|
| | | 第 1 産業 | 第 2 産業 | 消費・投資・政府支出等 | 移出 | | |
| 中間投入($\alpha$) | 第 1 産業 | $y_{11}$ | $y_{12}$ | $Z_1$ | $X_1$ | $M_1$ | $Y_1$ |
| | 第 2 産業 | $y_{21}$ | $y_{22}$ | $Z_2$ | $X_2$ | $M_2$ | $Y_2$ |
| 粗付加価値額($\beta$) | | $V_1$ | $V_2$ | | | | |
| 生産額($\alpha+\beta$) | | $Y_1$ | $Y_2$ | | | | |

産業の生産に使われていますので，中間投入を表します。例えば，第 $i$ 産業が自動車であれば，車体のための鉄鋼や，タイヤのためのゴムが中間投入として必要ですので，第 1 産業が鉄鋼業やゴム製造業になるわけです。また，ここでは，経済基盤モデルと対比させるために，最終需要のうち，移出だけを別に記述しています。この表を用いれば，今現在の投入と産出の関係，移入と産出の関係が維持されるとしたときに，最終需要の変化がどの産業にどの程度及ぶのか，といった詳細な分析が可能になります。例として，第 1 産業の移出が 1 億円増えた場合を分析してみましょう。それぞれの産業について，行を合計すると，

$$y_{11}+y_{12}+Z_1+X_1-M_1=Y_1$$
$$y_{21}+y_{22}+Z_2+X_2-M_2=Y_2$$

(4)

となります。ここで，投入と産出の関係，移入と産出の関係が維持されるということから，$y_{ij}/Y_j$ および $M_i/Y_i$ が変わらないとして，これらを定数と見なします。$\alpha_{ij} \equiv y_{ij}/Y_j$, $\mu_i \equiv M_i/Y_i$ とおいておきましょう。$\alpha_{ij}$ は，第 $i$ 産業で生み出されたものがどれだけ第 $j$ 産業の生産で必要とされたか，そして，$\mu_i$ は第 $i$ 産業で生み出されたものが，どれだけ移入に使われたかを示しており，それぞれ，**投入係数**，**移入係数**と呼ばれます。これらを用いると，式（4）は

$$(1-\alpha_{11}+\mu_1)Y_1-\alpha_{12}Y_2=Z_1+X_1$$
$$-\alpha_{21}Y_1+(1-\alpha_{22}+\mu_2)Y_2=Z_2+X_2$$

(5)

と書き換えられます。これらを $Y_1$ および $Y_2$ の二元連立一次方程式と見なして解くと，

**Column ❷-2　ウェブで使える産業連関表**

　産業連関表，いかにもいかつい雰囲気ですね。漢字ばかりの名前のせいかもしれませんが，それ以上に，煩雑な計算をしなければならない点もこの雰囲気のもとになっているように思います。実際，これを手で計算しようとするととても無理なのですが，幸いにも，今ではパソコンで計算することができます。また，さまざまな都道府県において，個人でも簡単に分析ができるよう分析ツールが提供されています。例えば，宮城県は次のウェブページできわめて使いやすい簡易型の産業連関分析ツールを公開しています。

https://www.pref.miyagi.jp/soshiki/toukei/rennkann.html，2023年9月27日最終確認

　こうしたツールを利用すれば，卒業論文やゼミ論文でも産業連関分析を行うことができます。もちろん，実際の分析はもっといろいろな点に注意を払う必要があり，複雑ですが，その分，高度な分析が可能になります。例えば，東日本大震災の後には，被害を受けた都道府県について，震災の影響がどのように波及したのか，そして，福島の原発事故の影響がどのように波及したのか，そして，復興支援政策や代替的な発電方法を導入するとどうなるのかについての思考実験など，さまざまな分析が行われました。こうした分析結果の多くがウェブ上で閲覧可能な状態で公開されていますので，興味のある方は調べてみてください。

$$Y_1 = \frac{(1-\alpha_{22}+\mu_2)(X_1+Z_1)+\alpha_{12}(X_2+Z_2)}{(1-\alpha_{11}+\mu_1)(1-\alpha_{22}+\mu_2)-\alpha_{12}\alpha_{21}}$$

$$Y_2 = \frac{\alpha_{21}(X_1+Z_1)+(1-\alpha_{11}+\mu_1)(X_2+Z_2)}{(1-\alpha_{11}+\mu_1)(1-\alpha_{22}+\mu_2)-\alpha_{12}\alpha_{21}}$$

(6)

のように解けます。式 (5) を行列とベクトルを用いて表現して解くこともできます。その際に登場する行列は，**レオンチェフ行列**とか，**レオンチェフ逆行列**と呼ばれます。これは，産業連関表を考案したレオンチェフの名前に由来しています。

　式 (6) をよく眺めると，例えば，第1産業の移出が1億円増えた場合の効果を産業ごとに調べることができます。$X_1$ が1億円増えるわけですから，第1産業の生産額 $Y_1$ は $(1-\alpha_{22}+\mu_2)/[(1-\alpha_{11}+\mu_1)(1-\alpha_{22}+\mu_2)-\alpha_{12}\alpha_{21}]$ 億円，

第2産業の生産額 $Y_2$ は $\alpha_{21}/[(1-\alpha_{11}+\mu_1)(1-\alpha_{22}+\mu_2)-\alpha_{12}\alpha_{21}]$ 億円増えます。ここでも，乗数効果のように，移出による連鎖的な生産額増加の効果が発生していることに注意してください。$Y_1$ および $Y_2$ への効果は，連鎖的な効果をすべて合算したものなのです。

**POINT**

　　　産業連関分析により，さまざまなショックの各産業への波及効果を分析することができます。

**EXERCISE ●練習問題**

① 日本の地域で産業構造が大きく変化した事例を探してみましょう。そして，その原因について考察してみましょう。

② 本文中で説明した需要主導型モデルで，$c=0.4$，$i=0.1$，$m_0=m_1=0.1$ であるとき，移出 $X$ が 1 億円減り，政府支出 $G$ が 1 億円増えると県内総生産はどれだけ変化するでしょうか？

③ 本文中で説明した産業連関分析で，政府が両産業の最終需要 $Z_1$ および $Z_2$ をそれぞれ 1 億円減らすように一括税にて課税し，その税収を第 2 産業の最終需要 $Z_2$ へと支出した場合，各産業の生産額はどのように変化するでしょうか？

第**3**章

# 地域間人口移動

## なぜ，どこに引っ越す？

　これまで，日本の人口集中の様子，および，それに関連した産業構造の違い を見てきました。また，人口分布の様子は昔と似ているところもありながら， 戦前から戦後の高度経済成長期にかけて，関東，東海，近畿への人口集中が進 んだことも確認しました。こうした人口集中の裏には，多くの人々の移動があ ったことは疑いようのない事実です。現在においても，進学，就職，転職とい った人生の転機で，また，転勤など仕事の一環として，それまで住んでいた場 所を離れていく人も多いでしょう。よその地域に引っ越した経験を持っていら っしゃる方は，どれだけ移動が大変かよくご存じでしょう。こうした引っ越し について，個人の経験を超えて，俯瞰的に眺めるための道具はないのでしょう か？ より具体的には，こうした人口移動はどのように生じると考えればよい のでしょうか？ また，人口移動は，それぞれの地域経済や国全体の経済にど のような効果を及ぼすのでしょうか？

　この章では，日本の地域間人口移動の様子を概観し，人口移動の要因と影響 を解析できる枠組みの初歩について説明します。その際，まずは最も単純な， 賃金格差のみに反応して人々が移動する場合を扱います。その上で，拡張とし て，それ以外の，例えば，雇用機会の差も考慮する場合について紹介します。

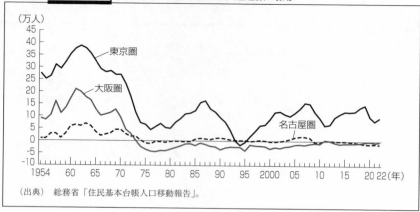

（出典）　総務省「住民基本台帳人口移動報告」。

# 1 日本の人口移動の特徴

## 戦後日本の都市化

　第二次世界大戦後，日本が経済成長を遂げたことはよく知られていますが，それと同時に，農村から都市への人口集中も進展しました。その結果，東京は現在では都市圏として世界最大級になり，大阪，名古屋も巨大な都市として地域経済の中心となっています。ここではまず，これらの三大都市圏への人口移動の様子を確認してみましょう。図3.1は過去半世紀の三大都市圏への転入超過数，つまり，転入者数と転出者数の差を示しています。

　ここでの三大都市圏は総務省で定義されているもので，それぞれ東京圏は東京都，神奈川県，埼玉県，千葉県で，名古屋圏は愛知県，岐阜県，三重県で，大阪圏は大阪府，兵庫県，京都府，奈良県で構成されています。この定義は，第1章で用いた広域地域の定義に近く，東京圏は南関東，名古屋圏は東海，大阪圏は近畿に対応させて考えればよいでしょう。この図からわかるように，いわゆる高度経済成長期に三大都市圏へ大量の人口移動が生じました。東京などは，10年以上も毎年20万〜30万人が流入しました。オイルショックを契機に安定成長期に入ると，都市化も鈍化しましたが，それでも東京圏への流入は続き，名古屋圏の人口が安定的に推移し，大阪圏から若干の人口流出があったた

　皆さんは，東京の上野という場所について，どのようなイメージを持っているでしょうか？　西郷さんの像や美術館・博物館を思い浮かべる人も多いでしょう。この場所は，ある種の人口移動の象徴的な場所でした。それは，集団就職です。高度経済成長期に，農村部から大都市へと急速な人口移動が生じましたが，その中には，中学を卒業したばかりの子供たちが含まれていました。地方の中学を卒業し，高校へ進学せずに三大都市圏を中心とする大都市へと就職する子供たちを運ぶため，臨時列車が運行されるほどにその数は多かったそうです。当時の中卒新規就業者のこうした大規模な移動は集団就職と呼ばれています。

　上野は，東北地方から東京への集団就職列車の到着駅でした。2008年には，その象徴とも言えるレストランが閉店したそうです。高度経済成長の終わりとともに集団就職もその姿を消しますが，現在でも進学・就職・転職などで人の移動は続いています。

集団就職列車が上野駅に到着（1964年，写真提供：共同通信社）

めに東京圏の拡大が際立ったものになりました。東京圏への転入超過がマイナスになったのはバブル崩壊直後の90年代前半だけです。近年，新型コロナ感染症の影響で大都市回避の動きが出てきているように思われましたが，人口移動の様子を見てみると，東京圏への移動が抑制されたとは言い難い状況です。それだけ東京への集積力が強いのでしょう。こうした集積力がなぜ生じるのかについては後の章で議論します。

| 単位：万人 | | 移動後の住所地 | | | | | | |
|---|---|---|---|---|---|---|---|---|
| | | 北海道・東北 | 関 東 | 中 部 | 近 畿 | 中 国 | 四 国 | 九 州 |
| 移動前の住所地 | 北海道・東北 | — | 11.28 | 1.47 | 1.23 | 0.33 | 0.15 | 0.78 |
| | 関東 | 8.83 | — | 7.82 | 7.40 | 2.15 | 1.04 | 6.00 |
| | 中部 | 1.42 | 9.81 | — | 3.97 | 0.72 | 0.32 | 1.65 |
| | 近畿 | 1.15 | 9.26 | 3.72 | — | 2.08 | 1.18 | 2.59 |
| | 中国 | 0.31 | 2.83 | 0.83 | 2.50 | — | 0.76 | 1.76 |
| | 四国 | 0.16 | 1.34 | 0.36 | 1.46 | 0.84 | — | 0.43 |
| | 九州 | 0.73 | 6.63 | 1.61 | 2.68 | 1.56 | 0.39 | — |

（出典）　総務省「住民基本台帳人口移動報告」。

## 現在の地域間人口移動

　では，もう少し視点を広げて，日本全国でどのように人が行き来しているのかを見てみましょう。表3.1は，2021年の「住民基本台帳人口移動報告」に報告されている広域地域間の移動者数（日本人移動者数）を示しています。

　ここでは転入超過数ではなく，移動者数を表示しています。この二つがどう違うかというと，例えば，東京都から神奈川県への移動者数が3万人で，神奈川県から東京都への移動者数が4万人ならば，東京都の側から見れば転入超過数は1万人になります。要は移動者数の差し引きが転入超過数になるのです。

　ですから，関東から北海道・東北へ約8万8300人が移動し，北海道・東北から関東へ約11万2800人が移動していますので，北海道・東北から関東への転入超過数は約2万4500人ということになります。このように，ここでの移動者数から転入超過数を計算することもできます。また，すべての地域から関東への転入超過数を求めて合算すると，全国から関東への転入超過数を求めることができます。

　この表から読み取れる特徴がいくつかあります。まず，どの地域でも，隣接する地域への移動が多くなっています。距離の影響はもう少し広域に及び，東日本の地域からは東日本の地域へ，西日本の地域から西日本の地域への移動は多くなっています。これに対して，東日本の地域と西日本の地域との間の移動

| 単位：千人 | 移動後の住所地 | | | | | | | |
|---|---|---|---|---|---|---|---|---|
| | 福岡県 | 佐賀県 | 長崎県 | 熊本県 | 大分県 | 宮崎県 | 鹿児島県 | 沖縄県 |
| 福岡県 | — | 6.10 | 5.49 | 7.19 | 5.37 | 2.76 | 4.28 | 2.23 |
| 佐賀県 | 6.96 | — | 1.63 | 0.79 | 0.42 | 0.24 | 0.48 | 0.16 |
| 長崎県 | 8.47 | 2.06 | — | 1.42 | 0.69 | 0.53 | 0.89 | 0.61 |
| 熊本県 | 7.85 | 0.74 | 1.23 | — | 1.22 | 1.20 | 2.08 | 0.52 |
| 大分県 | 6.39 | 0.44 | 0.66 | 1.34 | — | 0.86 | 0.53 | 0.26 |
| 宮崎県 | 3.71 | 0.28 | 0.40 | 1.38 | 0.90 | — | 2.48 | 0.37 |
| 鹿児島県 | 5.57 | 0.41 | 0.91 | 2.31 | 0.59 | 2.52 | — | 0.75 |
| 沖縄県 | 2.80 | 0.16 | 0.61 | 0.52 | 0.32 | 0.41 | 0.92 | — |

（左端の項目欄：移動前の住所地）

（出典）　総務省「住民基本台帳人口移動報告」。

はさほど多くありません。例外といえるのが関東で，どの地域からも関東へは多くの人が移動しています。ここでも東京一極集中が確認できるのです。

　広域地域は複数の都道府県で構成されていて，一つの地域としては大きすぎるかもしれません。もう少し詳しく人口移動の様子を見るために，一つの広域地域に注目して，都道府県間の人口移動の様子を確認してみましょう。表3.2は，例として，九州内の県間人口移動を示しています。

　九州内でもやはり近隣の県への移動が多く，また，福岡への移動が多いのが特徴です。福岡のように，広域地域の中心となる地方中枢都市への移動が多いことは，他の広域地域でも確認できます。これと先ほどの東京への移動の多さを考え合わせると，人口移動にもヒエラルキーのような構造があるといえるでしょう。つまり，まず，近隣の地域間での行き来に加え，最寄りの地方中枢都市を抱える地域への移動が多くなっています。そして，名古屋や大阪などの大都市への移動もある程度はあるものの，地方中枢都市を含む全国から東京への人口移動が多いのです。

　最後に少しだけ地域内人口移動について触れておきます。ここでは地域間人口移動の様子のみを見てきましたが，当然，地域内で引っ越す人も数多くいます。例えば，都道府県内の市区町村間を移動した人の総数は，2021 年で 277 万人で，都道府県間移動者数の 247 万人より多くなっています。しかし，この 2 種類の移動では，移動理由が大きく異なることも知られています。厚生労働

省の国立社会保障・人口問題研究所が5年に1回実施する人口移動調査の第6回（2006年）のものによると，都道府県内の移動については，移動理由は男女ともに「住宅を主とする理由」がほぼ半数で最も多いのですが，都道府県間の移動については，男性は「職業上の理由」，そして，それに次いで「入学・進学」を，女性は「家族の移動に伴って」，そして，それに次いで「職業上の理由」を挙げています。地域内人口移動では住宅事情が，地域間人口移動では自分や家族の仕事や進学が理由になっているのです。

**POINT**

地域間人口移動は，近隣の地域間，そして，最寄りの地方中枢都市を抱える地域が多く，さらに，三大都市圏，特に東京圏への移動が多くなっているのが特徴です。

## 2 人口移動の経済分析①

⏵ 地域間人口移動を分析するための基本的枠組み

では，地域間人口移動はなぜ生じるのでしょうか？ ミクロ経済学では，人々が，効用が最も高くなるように消費行動を決める，という考え方を学んだと思いますが，基本的には人口移動についても同じような考え方をあてはめることが多いです。「移動しないよりは移動した方が自分にとって幸せな状態を達成できる」と判断できるときに人々は移動する，と考えるわけです。このときに，判断基準となる効用の水準は何に依存すると考えればよいでしょうか？ これは，何を重視するかによって違ってきます。例えば，所得格差は著しいものの雇用問題が生じていない場合であれば，賃金水準のみを考慮すればよいかもしれません。一方，所得水準は地域によって変わらないものの雇用機会に大きな差があれば，失業率に注目すべきでしょう。人口集中にまつわる混雑がひどい地域であれば，その混雑の費用が移動を左右するかもしれません。要は，時と場所に応じて，何を考慮すべきかが変わってくるわけです。

この章では，人口移動を扱う枠組みの中で，最も基本的なものをいくつか紹介します。後の章では，集積の経済など，さらに要素を追加した議論も紹介していきます。

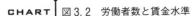

CHART 図3.2 労働者数と賃金水準

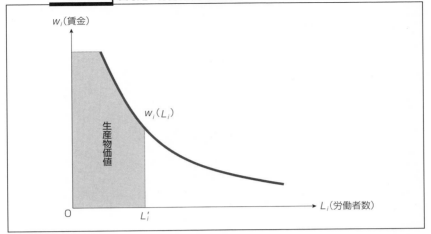

## 賃金格差と人口移動

　まず最初は，人口移動が賃金格差のみに反応して生じるとして，移動の生産面への影響を見ておくことにします。ここでは，議論を簡単にするために，人口と労働者数が等しく，かつ，労働者は1単位の労働力を非弾力的に（つまり，賃金額などに関係なく必ず）供給するとします。これは，人口移動がすなわち労働供給量の変化に直結することを意味しています。

　二つの地域（1と2）があるとして，それぞれの地域で，ミクロ経済学で習うように，企業の利潤最大化から労働の限界生産物価値が賃金に等しくなるように雇用量が決まり，労働市場の需給均衡からその雇用水準がその地域の労働供給に等しくなるように賃金水準が決まるものとしましょう。限界生産物とは，簡単にいうと，労働などの生産要素をわずかに（限界的に）増やしたときの，生産要素増加1単位当たりの生産量の増加分のこと，限界生産物価値とは，限界生産物にその価格をかけたものです（限界生産物を限界生産性と呼ぶことも多いです）。ここで，ミクロ経済学の標準的な議論と同じように，賃金水準 $w_i(L_i)$ $(i=1, 2)$ は，図3.2のように，それぞれの地域での労働者数 $L_i$ に対して右下がりの曲線として表されるとします。

　ここで，$w_i(L_i)$ という表記は，賃金が労働者数 $L_i$ に依存していることを一

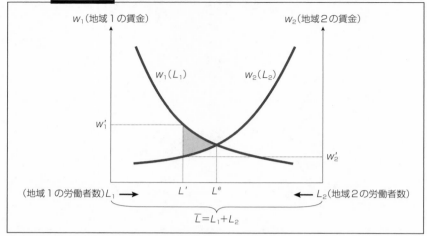

般的に表現しているだけです。具体的な式の形は特定化していませんが，その
グラフが**図3.2**のような形状をしている式ならどんなものでもかまいません。

　**図3.2**の裏では，土地などのように限りのある生産要素があるため，労働投
入のみを増やしても，いずれ労働の限界生産物，ひいては限界生産物価値は低
下していくことを想定しています。すると，この地域での生産物の価値は，こ
の曲線の下側の面積で表されます。例えば，雇用量が**図3.2**の $L_i'$ であると，
生産物価値は影をつけた領域の面積で表されるのです。

　ここで，両地域の人口の合計が $\overline{L}$ で固定されているとします。当然，$\overline{L}=$
$L_1+L_2$ です。両地域での賃金決定の様子を一つのグラフで表現することを考
えましょう。**図3.3**は，長さ $\overline{L}$ の線分上の点で人口分布を表現し，それに対
応する地域賃金を描いたものです。

　この図の横軸では，左側の原点から点までの長さで地域1の人口を，右側の
原点から点までの長さで地域2の人口を測っています。そして，左の縦軸で地
域1の賃金水準を，右の縦軸で地域2の賃金水準を表しています。ですから，
例えば，点 $L'$ においては，地域1では賃金水準は $w_1'$ となり，地域2では $w_2'$
となります。この人口分布のもとでは，地域1の方が人口が少なく，賃金水準
が高くなっています。

## 人口移動の効果

　では，賃金格差に反応して人々が移動するとどうなるでしょうか？　賃金の低い地域から高い地域へと人が移動するわけですから，点 $L^i$ から $L^e$ へと人口分布は変化していきます。そして，$L^e$ になったときに，二地域で賃金が等しくなり，人口移動がなくなります。この $L^e$ という点が，人口移動が可能な場合の均衡における人口分布です。

　人口移動前の点と比べると，地域1では賃金が低下し，地域2では賃金が上昇します。さらに，地域1では生産物価値が増え，地域2では減ります。二地域の増減を相殺すると，生産物価値は，図3.3の影をつけた領域の面積の分だけ増えています。これが，**人口移動による生産効率改善の効果**です。人口移動が労働力の移動を反映するのであれば，生産要素が，限界生産物価値の低い地域から高い地域へと移動するために，全体で見ると生産効率が上昇するのです。言い換えれば，地域間で賃金格差が生じている状態は，生産の面から見ると非効率的であり，人口移動はそれを解消する役割を果たしうるのです。

　では，どういう要因が人口移動を妨げうると考えられるでしょうか？　簡単なケースとしては，移動に費用がかかり，賃金格差が移動費用よりも小さければ，人口移動は生じません。すると，賃金格差が継続しますから，生産面の非効率性が解消されないのです。また，金銭以外の要素も移動の誘因になるのであれば，賃金格差が継続します。例えば，気候や風土，文化に対して，人によって評価が異なれば，賃金は低くても，自分の好みの地域にとどまることがあるでしょう。この場合は，生産面での非効率性は残りますが，それを無理矢理解消させることは必ずしも望ましくありません。他にも重要な要因として，雇用機会が考えられます。これについては次の節で詳しく説明することにします。

**POINT**

　人口移動が賃金格差に反応するとすると，基本的には地域間人口移動は生産面の効率性を改善します。

# 3 人口移動の経済分析②

▷ 農村 – 都市間人口移動

　この節では，雇用機会と人口移動との関係を扱うモデルとして最も有名な，**ハリス・トダロモデル**を紹介しましょう。これは，最初に考えた二人の名前を冠するモデルです。このモデルは，農村部から都市部へと多くの人が移動している状況を念頭においています。これは，日本でいえば高度経済成長期にあたり，どちらかというと経済発展の途上にある国を扱っているといえるでしょう。ここでは，人々の関心事は，地域で仕事が手に入るか，ということと，仕事に就けた場合にどの位の賃金がもらえるか，の２点であるとします。経済発展の途上にある場合，雇用機会と所得水準が重視されやすいと考えるのはさほどおかしなことではないでしょう。実際，高度経済成長期の日本を含めて，発展途上段階にある国では，都市部での失業問題が深刻化し，スラムの出現なども伴って，重要な政策課題になってきました。ハリス・トダロモデルはこうした問題を考察するための分析道具として知られています。

## 農村と都市

　農村部から都市部への人口移動を分析するわけですから，農村と都市という二つの場所を想定します。ここで，農村では雇用の問題がなく，**図3.2**のような労働者数と賃金水準との関係がそのまま成り立っているとしましょう。農村部で雇用の問題がない，という想定は，例えば，発展途上国における農村部では，地縁や血縁関係に基づいて仕事の融通が行われているといった状況を近似したものと考えてください。一方，都市部では，何らかの理由により，賃金が下方硬直的で，一定水準以下には下がらないとします。これも裏にさまざまな状況が考えられています。例えば，都市部で活動する企業は政府に把握されやすく，最低賃金法のような法律の規制から逃れられないとか，都市部では労働組合が組織され，その影響で賃金が下がりにくいとか，労働者の怠慢を防ぐために，賃金を高めに設定して，失業による機会費用を大きくする（いわゆる効

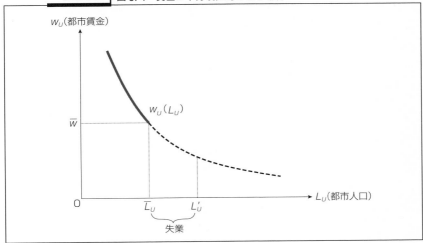

率賃金）とか，職探しに時間がかかることを反映しているとかいった理由が考えられています。どの考え方が適切かは，時と場所によるのですが，いずれにせよ，賃金が完全雇用を達成する水準までは下がらないという結果に至ります。ここではそれを最も簡単に表現し，賃金はある水準 $\overline{w}$ より低くはならないとします。

　すると，都市部において，企業はある雇用水準以上には労働者を雇わなくなります。賃金が $\overline{w}$ のときの雇用量を $\overline{L_U}$ と書くと，賃金が下がれば雇用量が増えるわけですから，$\overline{w}$ より賃金が下がらないということは，雇用量は $\overline{L_U}$ より増えることはないのです。この様子を図3.4で描いています。

　もし，都市人口がこの図の $L_U'$（$> \overline{L_U}$）だけいると，$L_U' - \overline{L_U}$ 人が失業してしまいます。

## 期待賃金格差と人口移動

　では，人々がこうした失業の可能性を考慮した場合，どのような基準で移動するか決めると考えればよいでしょうか？ 最も基本的な考え方は，**期待賃金**を考慮する，というものです。もちろん，より洗練された考え方がありますが，ここではこの基本的な考え方を説明しておきましょう。期待賃金とは，賃金額に，それをもらえる確率，すなわち，就業確率（＝1−失業率）をかけたもので

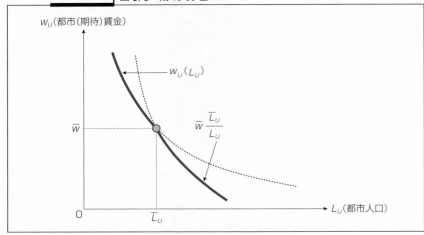

す。例えば，賃金額が 10 万円で，失業率が 0.05（パーセント表示なら 5%）なら
ば，期待賃金は $10 \times (1-0.05)=9.5$ 万円となります。都市人口が $L_U$ 人のとき，
$L_U \leqq \overline{L_U}$ であれば失業率は 0，$L_U > \overline{L_U}$ であれば失業率は $(L_U - \overline{L_U})/L_U$ です
ので，就業確率は，$L_U \leqq \overline{L_U}$ であれば 1，$L_U > \overline{L_U}$ であれば $\overline{L_U}/L_U$ です。し
たがって，都市部の期待賃金は，

$$\text{都市期待賃金} = \begin{cases} w_U(L_U) & L_U \leqq \overline{L_U} \text{ の場合} \\ \overline{w}\,\overline{L_U}/L_U & L_U > \overline{L_U} \text{ の場合} \end{cases}$$

となります。これを描いたのが **図 3.5** です。

　この図では，$L_U > \overline{L_U}$ の範囲で $w_U(L_U)$ が $\overline{w}\,\overline{L_U}/L_U$ よりも上方に位置して
いますが，これは逆でも（下方に位置しても）かまいません。二つの曲線が，
$(\overline{L_U}, \overline{w})$ で交わっていることだけは確かですが，その交点の左右でどのよう
な位置関係にあるかはここでの議論に影響を与えません。

　一方，農村部では，雇用の問題はないと想定していますので，期待賃金は
$w_R(L_R)$ のままです。都市部，農村部の期待賃金を，先ほどと同様に一つの図
で表してみると，**図 3.6** のようになります。

　この図の横軸では，左の原点からの長さで都市人口 $L_U$ を，右の原点からの
長さで農村人口 $L_R$ を表しています。期待賃金の差に応じて人口が移動するの
であれば，移動が生じなくなる状態，つまり，均衡における人口分布は期待賃

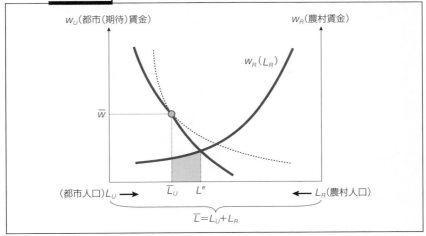

金が交わる $L^e$ に決まります。もしこのときの都市人口が $\overline{L}_U$ よりも多ければ，その分だけ失業者が発生します。また，都市期待賃金の曲線 $\overline{w}\,\overline{L}_U/L_U$ が右下がりである以上，均衡において都市部と農村部の間の賃金格差も維持されてしまいます。図3.6はこのような場合を描いています。

## 都市失業と人口移動の効果

こうした状況では，人口移動がむしろ生産の効率を損なう可能性すらありえます。失業者は生産活動に携われないわけですから，そうした人々が農村にとどまれば，そこで生産を行うことができ，全体で見れば生産物価値が多いかもしれないのです。例えば，もし図3.6で，都市人口が $\overline{L}_U$ であり，人口移動が生じなければ，人口移動のもとでの均衡点 $L^e$ に比べて，影をつけた領域の面積だけ生産物価値が多くなります。このように，人口移動の誘因として雇用機会が重要である場合には，必ずしも人口移動が生産効率を改善するとは限らないのです。

こうした場合に，もし都市部の失業者に対して失業給付などを行うと，かえって都市失業が深刻になることが知られていて，**トダロ・パラドクス**として知られています。このことは，**図3.6**において，失業給付により都市部の期待賃金が上方にシフトした場合を考えることで確認できます。失業給付は，失業し

た場合にのみ適用されますので，期待賃金曲線は，$L_U > \overline{L}_U$ の範囲のみシフトします。すると，均衡における都市人口は増えますが，雇用水準が増えるわけではありませんので，失業率が悪化してしまうのです。そこで，こうしたケースでは，都市部での雇用補助と農村部での生産補助を組み合わせるなどの施策が必要であることが知られています。

もちろん，以上の枠組みはごく単純化されていて，途上国の都市部でのインフォーマルセクターの存在や，農村部での土地の細分化による生産性の低下など，議論すべき重要な点が省略されています。これらについての詳しい分析は開発経済学で展開されています。

**POINT**

雇用問題などの追加的な要素があると，人口移動が生産効率を改善するとは限らなくなります。

# 4. 人口移動の経済分析③

▶ 発展的話題

## 都市間人口移動

先進国では，多くの人が都市に住み，人口移動も都市と都市との間で生じることが多くなってきています。そのような人口移動はどうやって分析すればよいでしょうか？ 雇用問題以外の特徴が都市になければ，二都市の場合には図3.5を二つ組み合わせれば十分でしょう。その場合，総人口が十分多ければ，両都市で失業が発生します。しかし，生産性が上昇して期待賃金の曲線が上方にシフトしていけば，賃金の下方硬直性は問題ではなくなり，いずれ人口移動と関係した失業問題は解決されます。

これまでの都市経済学の蓄積で，都市の分析を行う場合は，別の要因も重要であることが明らかになりました。それは，人が集中することの利益（集積の経済）と不利益（集積の不経済）です。前者は，例えば，人口が一カ所に集まることで，コミュニケーション費用が下がるなどの要因により発生しますし，後者は，通勤混雑などの要因により発生します。どちらも後の章で詳しく議論し

┌─────────────────────────────────────────────────────┐
**Column ❸-2   引っ越しの理由**

　人口移動というと，身近な感じがしないかもしれませんが，要は引っ越しのことですね。引っ越しを経験したことがある方はご存じでしょうが，引っ越しにはお金も労力もかかります。特に家族で引っ越す場合は本当に大変です。そんな大変な思いをしてまでなぜ引っ越すのか，そして，その結果何が社会に起きるのか，を考察するのがこの章の目的です。特に，ここでは，地域間の移動について詳しく見ています。

　しかし，引っ越しといった場合，必ずしも地域をまたいで移動するとは限りません。同じ市内で引っ越す場合もあるでしょうし，市区町村は移動しても，同じ都道府県内にとどまるかもしれません。あるいは都道府県もまたいで移動するかもしれません。

　本文中でも触れたように，人口移動調査の第6回（2006年）によると，同じ市区町村内での移動では，住宅を主とする理由が圧倒的に多く，都道府県間の移動では，職業上の理由が圧倒的に多く，次いで入学・進学が多くなっています。都道府県内市区町村間移動はその中間の状態です。

　この調査結果とこの章の理論分析を比べてみると，都道府県間移動が，理論分析で想定する地域間人口移動のイメージに最も近いといえるでしょう。一方の，市区町村内移動は，第6章の想定する世界に近いといえます。
└─────────────────────────────────────────────────────┘

ますので，そこで両者を含む人口移動のモデルを改めて紹介し，その政策的意義について議論することにします。

## ▌人口移動の実証分析

　以上の議論では，人口移動を決めるのは賃金や雇用機会であるとしてきましたが，こうした仮定は，実証研究によりある程度妥当であることが確認されています。では，実証研究ではどのような手段が用いられているのでしょうか？ごく大雑把に説明すると，地域 $i$ から $j$ への人口移動者数 $M_{ij}$ が，

$$M_{ij} = G（二地域の人口，二地域間距離，賃金格差，$$
$$雇用機会の差，気候の差，公共投資の差など）$$

のように，二地域の人口，地域間の距離，二地域の差を表す諸変数により決まると考えます。分析対象にしている地域の人口規模が大きければ，自然と地域

間の人口移動者数は多くなり，二地域の間の距離が遠ければ，当然，移動者数は少なくなります。人口規模を質量になぞらえれば，引力の法則とよく似ているため，この手法は**重力モデル**（グラビティモデル）と呼ばれています。これを，計量経済学の手法を用いて推定し，どの変数が人口移動数に大きな影響を及ぼしているのかを明らかにする試みが行われてきました。推定された場所や時期により結果はさまざまですが，ある程度共通して見られる特徴として，賃金水準と雇用水準は重要であることが確認されています。

**POINT**

発展的な話題として，都市間人口移動の分析や人口移動の実証研究などが挙げられます。

**EXERCISE ●練習問題**

① 自分の身の回りで地域間を移動した人について，なぜ移動したのかを考えてみましょう。

② 第2節の基本モデルで，移動費用を導入するとどうなるでしょうか？

③ 第3節のハリス・トダロモデルで，都市部の賃金水準 $\overline{w}$ が上昇すると，都市失業率 $(L_U - \overline{L}_U)/L_U$ はどうなるでしょうか？

# 第4章

# 集積の経済と都市化

### 都市の魅力とは？

　東京や大阪，名古屋といった大都市が成立してくる過程で，大規模な人口移動が生じてきたわけですが，いったいなぜ人々は限られた場所に集まったのでしょうか？　特定の場所に人や企業が集まると，土地の値段が高くなったり交通渋滞が発生したりと，暮らしにくくなりそうです。実際，いわゆる大都市では地価も，家を借りるための家賃も高いのはよく知られています。東京や大阪では通勤電車の混雑が社会問題になっていますし，都市内を車で通ると渋滞につかまることもしばしばです。このような不利益にもかかわらず，人が集まるからには，何か訳があるはずです。いったい都市の魅力とは何でしょうか？最新の洋服が買えることでしょうか？　おいしいレストランがたくさんあることでしょうか？　それとも，魅力的な進学先や就職先があるのでしょうか？　どれも理由になりそうな気がします。では，企業にとっては都市に立地する誘因は何でしょうか？　たくさんの消費者がいるためでしょうか？　簡単に働き手を見つけるためでしょうか？　都市の魅力についてはいろいろとイメージできますし，実際にそれが理由になっていそうです。しかし，何となく考えているだけでは，そこから話は先には進みません。都市化を分析するためには，これらを何とかして定式化してやる必要があるのです。

　この章では，日本の都市化の様子を簡単に眺め，その都市化を引き起こした要因について，どのようなものが考えられてきたかを詳しく説明します。その

上で，その要因の一つで，都市経済学独特の概念である，集積の経済が生じる様子を表現する簡単なモデルを紹介します。

# 1 日本における都市化

　都市化の様子を見ていく上で，まず気にしなければならないのは，どこを都市と呼ぶのか，という点です。東京や大阪，名古屋などは都市だろう，とは思いますが，他の場所はどうでしょうか？　これらを都市と呼ぶのであれば，その境界はどこでしょうか？　東京ならば，23区だけが都市なのでしょうか？　実際には，いくつかの考え方がありえます。ここではその中で代表的なものを紹介して，日本の都市化の様子を確認してみましょう。

## 都市の定義

　まず，最も基本的な都市の考え方として，**人口集中地区**（DID: Densely Inhabited District）があります。これは，市町村の境界内で人口密度の高い（原則として1 km² 当たり 4000 人以上）国勢調査の調査区が隣接して，調査時に人口5000 人以上を有する場合に，その調査区を合わせてできた地域を指します。DID は国勢調査において報告されますので，人口がどこに集まっているのか，だけを見るのであれば，この定義が最も便利です。**表 4.1** は DID 人口の推移と，その割合を表しています。

　DID 人口は実数で増えているだけでなく，割合も上昇しています。高度経済成長期であった 1960 年には 5 割を下回っていたのですが，2020 年には 7 割に達しています。DID の面積が，日本全体の面積の 3.6% 程度であることと比べると，人口の集中度合いがわかると思います。

　DID で全体の都市化の傾向は確認できるのですが，DID をどのように区切り，どこまでを一つの都市として見なすか，ということは自明ではありません。一つ一つの都市をどうやって定義するかについては，第 1 章で説明した，形式的な地域と実質的な地域との両方の考え方があります。形式的な都市としては，行政区分である区や市がふさわしいでしょう。しかし，東京の 23 区は別々の

表 4.1　日本の DID 人口

| 年 | DID 人口 (万人) | DID 面積 (km²) | DID 人口割合 (%) | DID 面積割合 (%) |
|---|---|---|---|---|
| 1960 | 4,083 | 3,865.2 | 43.7 | 1.03 |
| 1970 | 5,554 | 6,399.2 | 53.5 | 1.71 |
| 1980 | 6,994 | 10,014.7 | 59.7 | 2.65 |
| 1990 | 7,815 | 11,732.2 | 63.2 | 3.11 |
| 2000 | 8,281 | 12,457.4 | 65.9 | 3.30 |
| 2010 | 8,612 | 12,744.4 | 67.3 | 3.40 |
| 2020 | 8,829 | 13,250.4 | 70.0 | 3.60 |

（出典）　総務省「国勢調査」。

都市なのでしょうか？　これらを別々に考えていると，都市の本質を見失いそうです。都市について考えるのであれば，何かしらのつながりを吟味して，つながりのある市区町村はくっつけた上で，実質的な都市を定義し，それを主に使った方がよいのではないでしょうか？

　こうした観点から考え出されたのが，**都市圏**です。都市圏にもいくつか種類があるのですが，どれも何らかの実質的なつながりに基づいて，小さな行政区分をくっつけていくという方法で作られています。特に，ほとんどの場合，都市圏は，中心都市と，それと社会的・経済的に密接な関係を有する周辺地域，すなわち郊外によって形成された地域として定義されます。日本では，**都市雇用圏**（UEA: Urban Employment Area）という都市圏が代表的で，その設定基準は，①中心都市を DID 人口によって設定し，②郊外都市を中心都市への通勤率が 10% 以上の市町村とし，③同一都市圏内に複数の中心都市が存在することを許容する，となっています。また，中心都市の DID 人口が 5 万人以上の都市圏を**大都市雇用圏**（Metropolitan Employment Area）と呼び，1 万人から 5 万人のものを**小都市雇用圏**（Micropolitan Employment Area）と呼んでいます。次ページの**表 4.2** は 2015 年の日本の大都市雇用圏の中で，最も大きな 20 個です。

　最も大きいのは東京で，約 3500 万人です。2 位の大阪は約 1200 万人，3 位の名古屋・他が約 680 万人となっています。そして，福岡，札幌，仙台などの地方中枢都市，そして，岡山，新潟，熊本などの地方中核都市を中心とする大

| 順位 | 都市圏 | 人口<br>（万人） | 順位 | 都市圏 | 人口<br>（万人） |
|---|---|---|---|---|---|
| 1 | 東 京 | 3,530.4 | 11 | 北九州 | 131.4 |
| 2 | 大 阪 | 1,207.9 | 12 | 前橋・高崎 | 126.3 |
| 3 | 名古屋・他 | 687.2 | 13 | 浜 松 | 112.9 |
| 4 | 京都・草津 | 280.1 | 14 | 熊 本 | 111.2 |
| 5 | 福 岡 | 256.6 | 15 | 宇都宮 | 110.4 |
| 6 | 神 戸 | 242 | 16 | 富 山 | 106.6 |
| 7 | 札幌・小樽 | 236.3 | 17 | 新 潟 | 106.0 |
| 8 | 仙 台 | 161.2 | 18 | 岐 阜 | 98.8 |
| 9 | 岡 山 | 152.7 | 19 | つくば・土浦 | 84.3 |
| 10 | 広 島 | 143.2 | 20 | 那 覇 | 83.1 |

（出典）東京大学空間情報科学研究センター（https://www.csis.u-tokyo.ac.jp/UEA/, 2023年9月20日最終確認）。

都市圏が並んでいます。地方中核都市の多くは県庁所在市ですが，その他の県庁所在市を中心都市とする都市圏がこの後に続き，さらに，都道府県で2番手，3番手の都市圏が続きます。2015年の大都市雇用圏の中で最も規模が小さいのは愛知県の蒲郡都市圏で人口8万人です。このように，大都市雇用圏だけ見ても，3500万人から8万人まで大きな差があり，これらの都市の間には規模だけでなく産業や都市としての機能などさまざまな差があります。

## 日本の都市圏

このような日本の都市圏は，世界の都市圏の中で，どの程度の規模なのでしょうか？　都市圏の作成方法は行政区分の違いなどのため国により若干異なっていますし，途上国については都市圏を作成するための基礎的な統計が利用できないこともあります。そこで，都市圏の作成方法としては若干荒いものの，多くの国に当てはめることのできる方法で都市圏を作成し，国際比較に用いています。その一つで，面白い視点から作成されたものを紹介しましょう。Demographia World Urban Areas という都市圏で，これは，夜景を撮影した航空写真や衛星写真を基に都市圏を作成しています。夜景で明かりのつながったところを同じ都市圏と見なして，行政区分をくっつけていく，というやり方を

| 順位 | 都市圏（国） | 人口<br>（万人） | 人口密度<br>（人/km²） |
|---|---|---|---|
| 1 | 東京－横浜（日本） | 3,773.2 | 4,584.0 |
| 2 | ジャカルタ（インドネシア） | 3,375.6 | 9,521.0 |
| 3 | デリー（インド） | 3,222.6 | 13,749.0 |
| 4 | 広州－佛山（中国） | 2,694.0 | 5,941.0 |
| 5 | ムンバイ（インド） | 2,497.3 | 25,577.0 |
| 6 | マニラ（フィリピン） | 2,492.2 | 13,039.0 |
| 7 | 上海（中国） | 2,407.3 | 5,556.0 |
| 8 | サンパウロ（ブラジル） | 2,308.6 | 6,326.0 |
| 9 | ソウル－インチョン（韓国） | 2,301.6 | 8,313.0 |
| 10 | メキシコシティー（メキシコ） | 2,180.4 | 8,617.0 |
| 11 | ニューヨーク（アメリカ） | 2,150.9 | 1,779.0 |
| 12 | カイロ（エジプト） | 2,029.6 | 10,099.0 |
| 13 | ダッカ（バングラディシュ） | 1,862.7 | 30,093.0 |
| 14 | 北京（中国） | 1,852.2 | 4,324.0 |
| 15 | カルカッタ（インド） | 1,850.2 | 13,686.0 |
| 16 | バンコク（タイ） | 1,800.7 | 5,630.0 |
| 17 | 深圳（中国） | 1,761.9 | 9,774.0 |
| 18 | モスクワ（ロシア） | 1,733.2 | 2,817.0 |
| 19 | ブエノスアイレス（アルゼンチン） | 1,671.0 | 4,862.0 |
| 20 | ラゴス（ナイジェリア） | 1,663.7 | 8,464.0 |

（出典）　Demographia World Urban Areas 18th Annual 2022. 07.

用いています。ただし，基にする行政区分は国により異なりますので，あくまでも近似的な方法と考えるべきでしょう。この方法の利点は，都市圏を定義していく上で，通勤パターンなどのこまやかな統計が必要ではないため，途上国についても都市圏を作成できることにあります。しかも，途上国と先進国とで同じ定義を用いることができますので，その意味では比較に適しているかもしれません。表4.3は世界で最も大きな都市圏20個です。

　ここでも最も大きな都市圏は東京です。人口は3700万人です。先ほどのUEAでは3500万人でしたので，こちらの定義の方がだいぶ大きくなっています。通勤パターンに基づいて決めた場合より大きめに設定される傾向がある

ようです。この表で特徴的なのが、世界の巨大都市の多くが、途上国にある点です。特にアジアに多いことが目立ちます。さらに、アメリカ以外の大都市では、人口密度がきわめて高くなっています。東京や大阪よりもはるかに人口密度の高い都市も世界には存在します。以下ではこうした人口集中の功罪について、系統立てて考えてみましょう。

POINT

都市の定義もいくつかありえますが、最もよく用いられるのが都市圏という考え方です。

 **人口集中の利益と不利益**

### 人口集中の利益

まず、人や企業が一カ所に集まることの利益は何なのか、を考えていきましょう。この疑問に対しては、主に以下のような要因が考えられてきました。**比較優位**、**規模の経済**、**公共財**、そして、**集積の経済**です。

**《比較優位》** 比較優位は、さまざまな財やサービスの相対的な生産費用が地域ごとに異なることから発生します。相対的な生産費用が地域によって異なる場合、それが低い産業の生産割合を増やし（その産業に特化し）、他の地域と交易することにより経済厚生を上げることが可能になります。生産費用の違いは、生産技術や移動不可能な生産要素、制度的要因などにより決まります。肥沃な平野がある地域では、他の地域に比べて、他の産業の生産費用に比べた農業の生産費用が低くなるでしょう。海に近ければ海運を利用できますので、製造業などで多くの原材料や製品を輸送する際の費用が低くなるでしょう。こうして相対的な生産費用が低くなると、その産業に特化する傾向が生じ、関連する企業が集中することになります。例えば、いわゆる太平洋ベルト地帯のように、海に面した地域に製造業が集中しているのは、海運の利用可能性から発生する比較優位を活かしていると考えられます。

《規模の経済》　一つの企業の生産規模が大きくなるほど，単位当たり生産費用が低くなる場合，規模の経済が存在するといいます。大きな工場を建てるなどの固定費用がある場合，製品を生産するのに，生産量に依存しない固定費用と，生産量に依存する可変費用の両方が必要になりますが，前者は生産量を増やしても増えないため，固定費用，可変費用両方を含んで考えた平均費用は，生産量が増えるほど低くなります。特に製造業においてはこの傾向が顕著であり，トヨタ自動車の豊田市に代表されるような企業城下町を生み出す要因となります。

《公共財》　特定の人を消費から排除できないという性質を非排除性，消費する人が多くなっても混雑が生じず，同じ量だけ消費できるような性質を非競合性と呼び，これらの性質を持つ財を公共財と呼びますが，公共財は市場に任せていては適切に供給されません。こうした公共財も人や企業の集中を促す要因となります。中央政府や地方政府は性質の異なる公共財を供給しており，経済主体は必要な公共財が供給されている地域へ集まるためです。一般に，現在においては，公共交通機関に代表されるように，都市部の方が農村部より質の高い公共財が供給されています。このことは日本の都市化をいっそう促進している可能性があります。

《集積の経済》　集積の経済は，上に説明した三つの要因以外で，さまざまな経済主体が空間的に集中することにより発生する外部経済の総称です。ここで，外部経済とは，ある経済主体が意図せず他の経済主体に及ぼす影響のことで，その影響が良いものの場合に外部経済，悪いものの場合に外部不経済と呼びます。ここでの外部経済は，技術的外部経済，金銭的外部経済の両方を含み，性質により**地域特化の経済**と**都市化の経済**に分類されます。地域特化の経済は，同一産業内にある企業が特定地域に集中して立地することから発生する利益のことです。企業が集中するかどうかは，個々の企業がコントロールできることではありません。そのため，これは企業レベルで見ると外部経済なのですが，産業レベルから見ると内部経済と見なせます。大田区城南地域やシリコンバレーは，地域特化の経済が働いている典型例です。また，豊田市のような企業城下町には下請企業が集積しているので，規模の経済だけでなく地域特化の経済

　集積の経済を最も身近に感じることができるのが商業集積でしょう。特に，東京の秋葉原や大阪の日本橋，名古屋の大須などにある電気街や，東京の神保町にある古本屋街など，似たような店がたくさん集まっている場所に行くと，この章で説明する集積の経済が機能している様子を見ることができます。同じような製品を扱っていても，その中で得意な分野をそれぞれの店が持っているため，家電を買うなら秋葉原に，本を探すなら神保町に，というように，街全体としての集客力が上がります。すると，その街ではより専門的な店を運営していくことが可能になりさらに集客力が上がる，というように，好循環が働くのです。

　また，郊外にあるイオンモールなどの大型のショッピングモールも，中心となる店舗（多くの場合スーパーマーケットですが）に，専門店が多数くっつく形で成立していることが多いですが，これも集積の経済を機能させる一形態です。この場合，そのショッピングモールを運営する母体が，専門店の店舗数をコントロールすることを通じて集積の経済の程度をコントロールしています。専門店を充実させれば，遠くからも人を呼べますが，その一方で施設を大きくする必要があります。この両者のバランスを考慮して，ショッピングモールの規模を決めているのです。

神保町の古本屋街

も作用していると考えられます。都市化の経済は，さまざまな産業が特定地域に集中して立地することから発生する利益の総称です。企業レベル，産業レベルで見ると外部経済ですが，都市レベルで見ると内部経済と考えられ，東京や大阪，名古屋のようにさまざまな産業が集中している都市を理解するためにはこの都市化の経済が重要であると考えられています。このように，性質としては似ているのですが，その効果が及ぶ範囲によって地域特化の経済と都市化の経済とを区別しています。

## 人口集中の不利益──集積の不経済

　以上で説明した集積の経済に対して，人や企業の集中が生み出す負の側面を**集積の不経済**と呼びます。これは通勤・通学負担や道路混雑，人口・企業集中に伴う騒音・公害などが主な原因です。このメカニズムについては後のいくつかの章で詳しく解説します。こうした集積の不経済や，家賃，住宅価格，地価，そして，地代の上昇などと，集積の経済とが相殺して人口集中の程度が決まると考えられています（通常，集積の不経済は，外部不経済を指します。一方，家賃などの変化は，需要と供給のバランスにより変化しますので，外部不経済ではありません。そのため，ここでは両者を区別しています）。

## 集積の経済の源泉

　集積の経済を引き起こすと考えられる要因のうち，よく知られているものを紹介しましょう。まず，経済は常に供給，需要の両面でショックにさらされていますが，大都市では，各企業にとって**ショックの影響が平滑化**されます。大都市では企業は多数の相手と取引できるため，あるショックが特定の取引相手の経済状態を悪化させても，そのショックが別の取引相手には伝わらない場合もあり，また，時には別の取引相手の経済状態を良くすることすらあります。その結果，多くの相手との取引から得られる収益の平均は安定することが知られています（より正確には，十分取引相手が多ければ，収益の平均は，ほぼその期待値に一致します）。このことは雇用調整費用や在庫費用を減らすという利益を企業にもたらします。

　次に，さまざまな企業の集積はさまざまな熟練を持った労働者を引きつけ，

また，そうした熟練労働者の存在はその熟練を必要とする企業を引きつけます。その結果，企業の技術と労働者の熟練とのミスマッチが減り，産業レベルや都市レベルで**適材適所が促される**ことになります。これは，特に，専門化が著しい職業についてあてはまります。専門化が進むと，カバーする範囲が狭くなり，その代わり，自分の専門とする領域では非常に高い生産性を発揮できるようになるためです。このような職業に従事する場合，労働者は求人が少ない場所では自分の専門領域の仕事に就けるとは限らず，また，企業は労働者の少ない場所ではそうした専門的熟練を持った労働者を見つけることは難しいのですが，労働者，企業ともに多い場所では相互に望んだ相手を見つけられるようになり，高い生産性を実現することができるのです。これと関連して，さまざまな熟練を持った労働者や企業間の交流から生まれる技術革新も重要です。さまざまな人や企業が密に交流することで技術や知識が波及し，新しい技術や知識が生まれやすくなるためです。

**企業間取引の必要性**も集積の経済の要因となります。取引活動そのものが外部経済もしくは規模の経済を持つ場合が多く，企業の集中が企業間取引費用を減らす効果を持ちます。情報通信技術が発達した今日においても，直接会って取引を行うことの重要性は薄れておらず，やり取りできる情報量も直接会うことに勝る方法は存在しません。そのため，頻繁に取引する企業の側に隣接することで簡単に直接会って取引を行うことができ，取引費用を大きく節約することができるのです。

最後に，**財やサービスの多様性**も大きな集積の経済をもたらします。潜在的に利用可能な財・サービスの種類が多いということは，その中で最善のものを選んで，よりよい状態を達成できる可能性を高くしてくれます。消費面では，最終消費財の種類が多いことは，同じ名目可処分所得に対してより高い効用水準が達成できることを意味し，生産面では，中間投入財の種類が多いことは，同じ費用のもとでより高い生産性を達成できることを意味するためです。

**POINT**

　人や企業，産業の集中を説明できる考え方はいくつかありますが，都市化を考える上で重要なのが集積の経済という概念です。この集積の経済をもたらす要因は複数あり，それぞれに基礎付けがなされています。

# 3 集積の経済のモデル

　先ほど紹介した4種類の集積の経済の源泉（ショックの平滑化，ミスマッチの減少，取引費用の節約，そして，財やサービスの多様性）を表現するモデルをそれぞれ簡単に紹介しておきましょう。ここでは説明の便宜上，極端に単純化していますが，より一般的な場合でも同様の性質が成り立つことが知られています。

## ショックの平滑化

　ある企業の仕入れと販売のタイミングがずれていて，ある期に財を $y$ だけ仕入れた企業が，次の期にそれを販売したいと考えているとします。この財の価格は1に基準化しておきます。仕入れた財が売れ残ると，在庫費用 $c$（売れ残った量）が発生するとします。在庫費用は，売れ残りがなければかからないとし，$c(0)=0$ としておきましょう。また，在庫費用は売れ残りの量とともに増し，その増加率が逓増するとしておきます。思いがけず在庫を抱えることになると，その量が多くなるほど管理がどんどん困難になっていく状況を想定しています。ここで，取引相手の企業が一つ（企業1）で，そこの需要量が，$D_1(a)=y(1-a)$ で決まるとします。すると，売れ残りの量は $y-D_1(a)=ya$ で，そして，ある企業の利益は $D_1(a)-c(y-D_1(a))=y(1-a)-c(ya)$ となります。

　ここで，$a$ は確率的に決まり，確率 $1/2$ で1，$1/2$ で0をとるとしましょう。$a=0$ は企業1にとって景気がよいことを示し，$a=1$ は企業1にとって不景気であることを表しています。要は，取引先の需要が確率的に変動するわけです。もちろん，景気がよいと販売量は $D_1(0)=y$，在庫費用は $c(y-D_1(0))=0$ となり，利益は $D_1(0)-c(y-D_1(0))=y-0=y$ となります。不景気だと販売量は $D_1(1)=0$，在庫費用は $c(y-D_1(1))=c(y)$ となり，利益は $D_1(1)-c(y-D_1(1))=0-c(y)=-c(y)$ になります。すると，仕入れの時点での利益の期待値は，景気がよいとき（$a$ が0のとき）の利益にその確率 $1/2$ をかけたものと，不景気のとき（$a$ が1のとき）の利益にその確率 $1/2$ をかけたものを足し合わせ

たものになります。これを計算すると，

$$\frac{1}{2}(D_1(0) - c(y - D_1(0))) + \frac{1}{2}(D_1(1) - c(y - D_1(1)))$$

$$= \frac{1}{2}(y - c(y))$$

となります。ここで，取引先企業がもう一つ増え，二社（企業1と2）になったとしましょう。そして，仕入れた$y$のうち，それぞれの企業に$y/2$を販売することを考えてみます。さらに，企業1の需要量が$D_1(1) = y(1-a)/2$，企業2の需要量が$D_2(a) = ya/2$で決まる，つまり，企業1と2とで，ショックが正反対に作用するとしましょう。すると，このときの売れ残りの量は$y - D_1(a) - D_2(a) = y/2$となり，ある企業の利益は$D_1(a) + D_2(a) - c(y - D_1(a) - D_2(a)) = y/2 - c(y/2)$となります。そのため，企業1のみと取引しているときと比べると利益の期待値が$c(y)/2 - c(y/2)$だけ増えています（在庫費用の増加率が逓増的な事に注意してください）。このように，取引先が増えることで，需要の変動が減り，思いがけない多量の在庫を抱えるリスクが減ることがあるのです。この結果は，より一般的な設定のもとでも成立し，多くの取引先があれば，平均的な収益が安定しうることがわかっています。

## ┃ ミスマッチの減少 ┃

　ある企業が労働者を一人雇おうとしているとしましょう。ここで，企業は独自の技術を持っており，それを使いこなせる熟練を持った労働者を探しているとします。一方，労働者もそれぞれに異なる熟練を持っており，企業は面接をしなければ，労働者の熟練がどの程度自社の技術に合っているかが判断できないとしましょう。簡単化のため，ある労働者を面接したときに，その労働者の熟練が自社技術に合っているかどうかが確率的に決まり，合う確率が1/2，合わない確率が1/2であるとしましょう。合う場合は，雇えば高い生産性を達成でき，合わなければ雇っても低い生産性しか達成できないとしましょう。このとき，一定の費用を負担して雇う人を探すことを考えます。すると，大都市のように，労働者が多く集積していれば，一定の費用で多くの労働者を面接できることが期待できます。面接できる労働者数を$n$と書くと，大都市では$n$が大きくなるわけです。このとき，一人しか面接しないと，その労働者が自社技

術に合わない確率は 1/2 ですが，二人面接すると，二人とも自社技術と合わない確率は $(1/2)^2$ となります。$n$ 人面接すれば，その確率は $(1/2)^n$ です。起こりうるすべての可能性について確率を足すと 1 で，面接した人全員が自社技術と合わない確率が $(1/2)^n$ ですので，少なくとも一人は自社技術に合う熟練を持った労働者に出会える確率は，

$$1-\left(\frac{1}{2}\right)^n$$

となります。$n$ が大きくなれば，この確率は高くなります。要は，労働者が集積している場所では，一定の費用で良い人材に出会える確率が上がるわけです。同様のことが雇い主を探す労働者についてもいえて，企業が集積している場所では，一定の費用でより自分に合った企業に出会える確率が高くなります。こうして，大都市では，企業の技術と労働者の熟練との間のミスマッチが低下することが期待できるのです。

## 取引費用の節約

企業が $n$ 社あり，これらの企業がお互いにすべての企業と取引しなければならないとしましょう。ここで，もし，取引をする企業が別々の都市に立地しており，都市をまたいで取引すると，それぞれの取引に $k$ だけ両社に費用がかかるとします。しかし，同じ都市に立地していれば，取引費用がかからないとします。すると，当然，企業は取引相手と別々の都市に立地するよりは同じ都市に立地することを選ぶでしょう。そうすることで，取引費用を節約できるからです。この取引費用の節約効果が，集まることの利益になります。この集積の経済の特徴は，他の企業が集まっているほど，自分もその集積に加わる利益が大きくなることです。例えば，すべての企業が別々の都市に立地しているとしましょう。このとき，ある企業が，一つの取引相手と同じ都市に移動することの利益は $k$ です。しかし，$n-1$ 社が同じ都市に立地し，残る 1 社だけが別の都市に立地しているとしましょう。すると，この 1 社にとって，他の $n-1$ 社と同じ都市に移動することの利益は $(n-1)k$ になります。$n=3$ なら移動の利益は $2k$，$n=4$ なら $3k$ と，集積の規模が大きくなるほど，新たに集積に加わることの利益が大きくなるわけです。

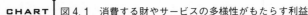

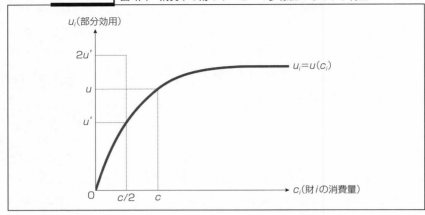

## 財やサービスの多様性

　最後に，財やサービスの多様性がもたらす集積の経済について紹介しましょう。ここでは，消費財の多様性を例にとって説明します。$n$ 種類の財があり，それぞれの財の消費から得られる部分効用が $u_i = u(c_i)$ であるとします。$c_i$ は財 $i$ $(i=1, 2, …, n)$ の消費量です。部分効用が消費量に依存することを一般的に $u(c_i)$ と表現しています。そして，全体で，

$$u_1 + u_2 + \cdots + u_n = u(c_1) + u(c_2) + \cdots + u(c_n)$$

の効用を得るとします。いま，部分効用 $u_i = u(c_i)$ が，図4.1のような形状をしているとしましょう。

　消費量が増えるほどその財の消費から得られる部分効用の水準は上昇しますが，その上昇の程度は鈍っていきます。$u(c_i)$ の具体的な式は特定化していませんが，グラフが図4.1のような形状になる式であればどのようなものでもかまいません。

　いま，簡単化のため，すべての財の価格が同じであるとしましょう。その上で，それぞれの財を $c$ だけ消費して，それから部分効用 $u$ を享受している状態を考えます。すると，効用水準は，$u_1 + u_2 + \cdots + u_n = u + u + \cdots + u = nu$ になります。ここで，消費可能な財の種類が倍になり，$2n$ 種類になったとしま

**Column ❹-2　インターネットと集積の経済**

　この章で説明した集積の経済の優位性も時代によって変化します。例えば，秋葉原などは，近年，ヤマダ電機などの家電量販店に押され気味です。大型の家電量販店が増えた結果，多くの人にとって，そこに行けば品揃えが十分になってしまったためです。また，神保町も，ブックオフなどの新古書店やAmazonなどのオンライン書店に押され気味です。代わりに，Amazonや楽天といったオンラインの店で，集積の経済が生じるようになってきています。Amazonや楽天がサイトを運営し，そこにさまざまな店が出品できるようになっているからです。このように，集積の経済という現象は，時代によりどこで強く発揮されるかは異なりますが，形を変えながら，私たちの身近にあり続けています。

しょう。財の価格は変わらないものとします。すると，それぞれの財を $c/2$ だけ消費しても，必要な支出は変わりませんが，それぞれの財から得られる部分効用は $u_i＝u'$ になります。そして，これにより達成される効用水準は $2nu'$ になります。図のような部分効用関数を想定している以上，$2u'＞u$ ですので，$2nu'＞nu$ より，支出は変わらず，効用水準は上がることになります。大都市では，消費可能な財やサービスの種類が多様であるため，同じ所得でも高い効用を達成できます。それが消費者を引きつけ，大きな市場を形成します。すると，そこに企業が引き寄せられ，さらに消費可能な財やサービスの種類を増やすというサイクルが発生するのです。これが，消費財の多様性に起因する集積の経済です。

**POINT**

　集積の経済の要因を簡単に説明しましたが，それぞれが利益をもたらすメカニズムをよく理解してください。

 集積の経済の実証研究

集積の経済の強さについてはさまざまな実証研究が行われてきました。用い

られたデータや時期により結果にある程度のばらつきがありますが，日本の都市データを用いた研究では，都市規模が倍になったときに，生産性を数％改善するといった実証結果が多く得られています。この結果はアメリカやヨーロッパ諸国の実証結果に近いものですが，日本の実証結果の方が結果のばらつきが大きいようです。

　新型コロナ感染症禍をきっかけに，リモートワークの導入が進みました。その際に Zoom や Webex，Teams といったリモートコミュニケーションツールが用いられました。以前にも Skype などは用いられていましたが，その広がりに比べても急速に普及した印象です。こうしたリモートコミュニケーションツールの普及は集積の経済にどのように影響するでしょうか。直感的には，実際に会う必要性を下げてくれるわけですから，集積の経済の効果を弱めるような気がします。しかし，リモートコミュニケーションツールはこれまでにも発展を続けてきました。電話からインターネット，携帯，スマホ，そして Zoom に至るまで，各種ツールが普及しました。それにもかかわらず大都市の拡大は止まっていません。また，近年の実証研究によると，携帯電話は対面での交流を代替するどころか，補完すると考えられるという結果が得られています。現状では，リモートコミュニケーションツールは集積の経済を弱める働きはしておらず，むしろ補完している可能性もあるのです。

---

**EXERCISE ●練習問題**

① 自分の住んでいる場所がどこかの都市圏に含まれているか，調べてみましょう。

② 自分の身の回りで集積の経済の影響を受けていると思われる事例を探してみましょう。

③ 集積の経済のモデルで紹介したショックの平滑化の結果は，企業 2 の需要がどうショックに影響を受けるかに依存しています。いま企業 2 の需要量が企業 1 と同じで $D_2(a) = y(1-a)/2$ であるとすると，結果はどう変わるでしょうか？

第 **5** 章

# 住宅市場

## 住まいの値段はどう決まる？

　前章では，なぜ人々が都市に集まるのかについて詳しく見てきました。しかし，人口集中にはよいことばかりしかないのでしょうか？　多くの方々はむしろ問題の方が多いと感じているのではないでしょうか？　では，人口集中がもたらす不利益には具体的にどのようなものが考えられるでしょうか？　多くの人が集まって暮らしていくためには，そのための住まいが必要です。通常，住宅を建てられる土地は無尽蔵ではありませんので，多くの人が一カ所に集まると何かしら住宅に関わる問題が生じそうです。また，多くの家計にとって，家賃や住宅ローンの支払いなど住宅関係の支出は，すべての支出の中でも大きな割合を占めており，家計への影響が大きいという意味でも，住宅市場の分析は重要であるといえます。

　そこで，この章と次の章では，住宅市場やそれに関係する土地市場について詳しく見ていくことにします。まず，この章では，住宅・土地市場を大雑把にとらえて，そこにおける価格の決まり方についての考え方を紹介します。続いて，日本の住宅・土地政策について，ごく簡単に説明します。実際には住宅はどこにあるかで価格が大きく異なりますので，位置を表現できる枠組みが必要ですが，それについては次の章で紹介します。

| | 単位 | 1978年 | 1988年 | 1998年 | 2003年 | 2008年 | 2018年 |
|---|---|---|---|---|---|---|---|
| 世帯総数 | 千世帯 | 32,835 | 37,812 | 44,360 | 47,255 | 49,973 | 54,001 |
| 住宅総数 | 千戸 | 35,451 | 42,007 | 50,246 | 53,891 | 57,586 | 62,407 |
| 空き家率 | % | 7.6 | 9.4 | 11.5 | 12.2 | 13.1 | 13.6 |

（出典） 総務省「住宅・土地統計調査」。

# 1 日本の住宅市場

## 住宅市場の規模

　まずは日本の住宅市場の規模から確認してみましょう。**表5.1**は日本の世帯数と住宅数を示しています。

　過去40年にわたり，約3300万世帯から5400万世帯へと世帯数は徐々に増えてきましたが，それに伴い，住宅数も約3500万戸から6200万戸へと増えてきました。世帯数より住宅数の方が多いのは，居住者のいない住宅があるためです。基本的には世帯の数だけ住宅は必要ですので，ものすごい数の住宅が日本にはあることになります。また，その時点で利用者のいない住宅である空き家もかなり数が多く，近年では住宅総数に占める比率は13％を超えています。800万戸以上の家が利用されていないのです。こうした空き家の中には，もちろん，通常の使用に耐えない物件や，その時点で利用者を探している物件も含まれていますが，十分利用できるにもかかわらず放置されているものも含まれています。それらをいかにして有効に活用していくのか，も重要な住宅政策の課題です。

## 住宅の種類とその特徴

　次に，住宅の種類や特徴を少し見てみましょう。**表5.2**は，住宅のうち，どれだけが持ち家で，どれだけが借家なのか，また，借家がどのような形で提供されているのかを表しています。

　日本では持ち家は全住宅の6割程度で，残りの4割が借家です。借家のうち，

表5.2　所有関係別住宅数と住宅規模（床面積は専用住宅のみ）

| | 単位 | 1988 年 | 1998 年 | 2003 年 | 2008 年 | 2018 年 |
|---|---|---|---|---|---|---|
| 住宅総数 | 千戸 | 37,413 | 43,922 | 46,863 | 49,598 | 53,616 |
| 持ち家 | | 22,948 | 26,468 | 28,666 | 30,316 | 32,802 |
| 借　家 | | 14,015 | 16,730 | 17,166 | 17,770 | 19,065 |
| 　公　営 | | 1,990 | 2,087 | 2,183 | 2,089 | 1,922 |
| 　都市再生機構・公社 | | 809 | 864 | 936 | 918 | 747 |
| 　民　営 | | 9,666 | 12,050 | 12,561 | 13,365 | 15,295 |
| 　給与住宅 | | 1,550 | 1,729 | 1,486 | 1,398 | 1,100 |
| 持ち家住宅比率 | % | 61.3 | 60.3 | 61.2 | 61.1 | 61.2 |
| 一住宅当床面積：持ち家 | $m^2$ | 112.08 | 119.97 | 121.67 | 121.03 | 119.91 |
| 一住宅当床面積：借家 | | 43.08 | 43.78 | 45.59 | 45.07 | 46.79 |

（出典）　総務省「住宅・土地統計調査」。

CHART　表5.3　他国の住宅事情（括弧の中は年を表す）

| | 持ち家住宅比率（%） | 一住宅当床面積（$m^2$） | |
|---|---|---|---|
| | | 持ち家 | 借家 |
| アメリカ | 65.4 (2020) | 157 (2017) | 85 (2017) |
| イギリス | 67.3 (2020) | 107 (2017) | 72 (2017) |
| ドイツ | 43.8 (2019) | 130 (2011) | 78 (2011) |
| フランス | 61.7 (2020) | 123 (2013) | 69 (2013) |

（出典）　持ち家住宅比率：OECD「Affordable Housing Database」，一住宅当床面積：国土交通省「国土交通白書 2022 資料編」。

　大多数は民営借家ですが，1 割弱が給与住宅（社宅など），1.5 割弱が公営・都市再生機構（公団）・公社住宅です。また，住宅の広さは，持ち家については，一住宅当たり床面積が 100 $m^2$ を超え，借家については，50 $m^2$ 未満と，持ち家の半分にも満たない水準になっています。これらの特徴について，日本の住宅市場と外国の住宅市場とを簡単に比較してみましょう。表 5.3 に他国の数字をいくつか紹介しています。まず，持ち家住宅比率ですが，この水準は他国とさほど変わりません。

　近年の持ち家住宅比率はアメリカでは約 6.5 割，ヨーロッパでは平均で 6 割程度です。もちろん，ヨーロッパの中ではかなりばらついていて，4 割程度の

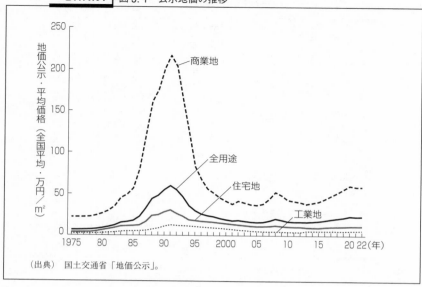

（出典）　国土交通省「地価公示」。

国から7割近い国まであります。日本の持ち家住宅比率は際立って高かったり低かったりするわけではないのです。では，日本の住宅市場の最も顕著な特徴は何でしょうか？ 日本の住宅は「ウサギ小屋」といわれている印象はないでしょうか？ 日本の住宅の特徴として，「狭さ」が挙がりそうな気がします。しかし，**表5.2** にあるように，日本でも，持ち家については国際的にも決して狭くありません。**表5.3** と比べてみると，アメリカよりは狭いものの，ドイツやイギリス，フランスといったヨーロッパの国々と同程度か，それよりやや広いくらいなのです。では，何がウサギ小屋のイメージをつくりだしてしまったのでしょうか？ **表5.2** と **5.3** を見比べると，賃貸住宅については，他国より著しく狭くなっています。この賃貸住宅の狭さが，日本の住宅は狭いという印象の原因になっているものと考えられます。

## 住宅市場の価格

次に，住宅市場の価格について見てみましょう。通常，住宅価格は土地と建物両方を含む価格になっていますが，特に変動が大きく，また大きな割合を占めるのが土地価格です。いわゆるバブル期に観察されたように，土地価格は過

| | 住宅総数 | 持ち家住宅比率 | 一住宅当床面積 | 住宅地地価 | | 住宅総数 | 持ち家住宅比率 | 一住宅当床面積 | 住宅地地価 |
|---|---|---|---|---|---|---|---|---|---|
| | （千戸） | （%） | （m²） | （千円/m²） | | （千戸） | （%） | （m²） | （千円/m²） |
| 北海道 | 2,417 | 56.3 | 91.23 | 19.0 | 滋賀 | 543 | 71.6 | 115.49 | 46.4 |
| 青森 | 502 | 70.3 | 121.58 | 16.3 | 京都 | 1,159 | 61.3 | 86.93 | 107.0 |
| 岩手 | 484 | 69.9 | 119.9 | 24.8 | 大阪 | 3,950 | 54.7 | 76.98 | 149.2 |
| 宮城 | 954 | 58.1 | 97.24 | 38.6 | 兵庫 | 2,309 | 64.8 | 93.4 | 102.3 |
| 秋田 | 384 | 77.3 | 131.93 | 13.4 | 奈良 | 529 | 74.1 | 110.87 | 52.7 |
| 山形 | 393 | 74.9 | 135.18 | 19.5 | 和歌山 | 384 | 73.0 | 105.72 | 35.4 |
| 福島 | 731 | 67.7 | 112.65 | 23.6 | 鳥取 | 216 | 68.8 | 121.52 | 19.5 |
| 茨城 | 1127 | 71.2 | 107.79 | 32.6 | 島根 | 265 | 70.2 | 123.08 | 21.2 |
| 栃木 | 761 | 69.1 | 106.54 | 32.7 | 岡山 | 771 | 64.9 | 105.64 | 29.1 |
| 群馬 | 787 | 71.4 | 107.14 | 30.2 | 広島 | 1,209 | 61.1 | 93.52 | 54.8 |
| 埼玉 | 3,023 | 65.7 | 87.15 | 111.4 | 山口 | 591 | 67.1 | 102.3 | 25.4 |
| 千葉 | 2,635 | 65.4 | 89.74 | 73.5 | 徳島 | 305 | 69.2 | 111.05 | 29.8 |
| 東京 | 6,806 | 45.0 | 65.9 | 354.6 | 香川 | 398 | 69.3 | 108.58 | 32.8 |
| 神奈川 | 4,000 | 59.1 | 78.24 | 177.8 | 愛媛 | 581 | 66.5 | 99.95 | 36.1 |
| 新潟 | 844 | 74.0 | 128.95 | 25.9 | 高知 | 315 | 64.9 | 95.32 | 30.8 |
| 富山 | 391 | 76.8 | 145.17 | 30.6 | 福岡 | 2,239 | 52.8 | 84.66 | 49.5 |
| 石川 | 455 | 69.3 | 126.6 | 43.0 | 佐賀 | 300 | 66.9 | 112.48 | 20.2 |
| 福井 | 279 | 74.9 | 138.43 | 30.3 | 長崎 | 555 | 63.7 | 97.2 | 24.1 |
| 山梨 | 329 | 70.2 | 111.94 | 24.6 | 熊本 | 698 | 61.9 | 99.57 | 28.0 |
| 長野 | 807 | 71.2 | 121.62 | 25.2 | 大分 | 482 | 63.6 | 98.02 | 24.6 |
| 岐阜 | 750 | 74.3 | 121.77 | 33.4 | 宮崎 | 460 | 65.7 | 94.39 | 24.3 |
| 静岡 | 1,425 | 67.0 | 103.15 | 65.5 | 鹿児島 | 709 | 64.6 | 88.67 | 27.2 |
| 愛知 | 3,069 | 59.5 | 95.01 | 101.5 | 沖縄 | 577 | 44.4 | 75.77 | 52.9 |
| 三重 | 720 | 72.0 | 110.42 | 29.1 | | | | | |

（出典）　総務省「住宅・土地統計調査」および国土交通省「都道府県地価調査」。

去半世紀の間大きく変化してきました。また，大都市ほど土地価格は高く，地域ごとに大きく異なっています。こうした時間や場所による土地価格の違いを図5.1と表5.4にまとめてみました。

　図5.1には日本で公表されている地価の一つ，**公示地価**（地価公示による価格）を1970年代から近年まで載せてあります。図から一目瞭然ですが，1987年から91年にかけてのバブルの時期に，どの用途についても地価が大きく上

　毎年一回国土交通省が日本全国のさまざまな地点の地価を発表するのが地価公示です。そこで発表される地価は新聞やニュースでも取り上げられることが多いため，多くの方が見聞きしたことがあるでしょう。2021 年の発表では，全用途を通じて全国で最も地価が高かったのは東京都中央区銀座の「山野楽器銀座本店」で，1 平方メートル当たり 5360 万円だったそうです（2021 年 3 月 23 日「読売新聞オンライン」https://www.yomiuri.co.jp/economy/20210323-OYT1T50203/，2023 年 9 月 20 日最終確認）。

　1 メートル四方の土地が，マンションが一戸買えそうな値段であることには単純に驚きます。もちろん，商業地と住宅地とでは容積率などの規制も異なり，そもそも相場が異なるので単純比較はできません（2021 年の住宅地の最高価格は港区赤坂 1-14-11 で 1 平方メートル当たり 484 万円です）が，印象的なのは確かです。自分の住まいの近所の地価がどのくらいの水準なのか，調べてみるのも面白いでしょう。

東京都中央区銀座の山野楽器銀座本店（写真提供：時事）

昇し，バブル崩壊とともに下落しています。特に，商業地の地価が大きく変動しています。そのため，この時期に土地取引を行った人々は大きな利益を得たり，損失を被ったりしました。表 5.4 は日本の都道府県別にこれまで見てきた住宅市場の特徴をまとめています。これを見ると，東京や大阪のような大都市ほど持ち家住宅比率は低く，住宅は狭くなっています。また，それを反映して，住宅地の地価は高くなっています。一般に地方ほど持ち家住宅比率は高く，住

宅は広く，地価は安いわけですが，それに加えて，文化や習慣といった地域性も影響を及ぼしていると考えられます。例えば，秋田県や富山県は同じような人口密度や産業構造の他の都道府県に比べても持ち家住宅比率が高く，8割近い値になっています。地域ごとの特徴については個別に考慮する必要があるわけですが，一般的に，住宅価格や土地価格，そして，持ち家住宅比率や住宅の広さがどのように決まると考えられているのかについて，これから紹介していくことにしましょう。

POINT

日本の住宅市場の特徴的な点として，賃貸住宅の狭さが挙げられます。持ち家住宅比率や持ち家の広さについては他の国と著しく異なっているわけではありません。

# 2 住宅価格と家賃，地価と地代

住宅に関係する価格には，いくつか相互に関係する価格がありますので，それを整理しておきましょう。まず，**住宅そのものの価格**と**家賃**です。前者は，住宅を所有するための，いわば資産としての住宅の価格です。後者は，住宅を一定期間利用することから得られるサービスへの対価としての価格です。前者はある時点で決まる価格ですが，後者は一定の期間で決まる価格です。似たような区分が土地市場にもあり，土地価格，いわゆる**地価**と，**地代**という価格があります。前者が土地を所有するための価格，後者が土地を一定期間利用することから得られるサービスへの対価です。住宅価格，土地価格ともに似たような対応関係がありますので，ここでは，次の章とのつながりを考慮して，土地価格について詳しく見ていきましょう。

## 収益還元法

土地に関わる価格には地価と地代があるわけですが，これらは時間を通じて結びついています。地価はある時点の土地所有に対する価格で，地代は一定期間の土地利用に対する価格ですから，ある時点から後の期間の地代をすべて足し合わせると地価になりそうです。この考え方で両者を結びつける方法を**収益**

還元法と呼びます。その際，単純に足し合わせるのではなく，代替的な運用方法の収益率で割り引いて足し合わせます。この割り引く，ということをまず詳しく説明しましょう。いま，銀行にお金を預けたときの 1 期間の利子率が $i$ のとき，現在の 100 円は銀行に預けることで 1 期後に $100\,(1+i)$ 円になります。例えば 1 年間の利子率が 0.05（パーセント表示だと 5%）だとすると，現在の 100 円は 1 年後に 105 円になるわけです。ここでは銀行は絶対につぶれない，つまり，銀行預金は安全資産であるとしておきます。すると，1 期後の $r$ 円は現在の $r/(1+i)$ 円に相当します。先ほどの例では，1 年後の 105 円が現在の $100 (=105/(1+0.05))$ 円に相当するわけです。この $r/(1+i)$ 円を**割引現在価値**と呼びます。同じ考え方を何度も用いると，$j$ 期後の $r$ 円の割引現在価値は $r/(1+i)^j$ 円になります。地代について，この割引現在価値を求めて，それを足し合わせたものが地価になるはずだ，というのが収益還元法の考え方です。

より具体的には，ある土地 $1\,\mathrm{m}^2$ がもたらす $j$ 期後の地代を $r_j$，今期の地価を $P_0$ と書いたとき，地価と地代が次の式で関係づけられると考えるわけです。

$$P_0 = \frac{r_1}{1+i} + \frac{r_2}{(1+i)^2} + \cdots + \frac{r_j}{(1+i)^j} + \cdots$$

この式は次のように解釈できます。今期土地を購入して，人に貸すと，次の期から地代が発生しますが，それをずっと貸し続けたときの地代収入の割引現在価値の総和が右辺です。それが購入価格に等しい，と考えるのです。地代が発生するタイミングが異なれば，式を若干修正する必要が出てきますが，本質的には同じ議論を行うことができます。ここでは，購入した期の次の期から地代が発生するとしています。

## ┃ 地価と地代の性質 ┃

収益還元法は，地代が高いほど，そして，安全資産の収益率としての銀行の利子率が低いほど，地価は高くなることを意味します。このことを，議論を簡単化した上で確認してみましょう。いま，地代がすべての期で等しい，つまり，$r = r_1 = r_2 = \cdots = r_j = \cdots$ とします。すると，上の式は

$$P_0 = \frac{r}{1+i} + \frac{r}{(1+i)^2} + \cdots + \frac{r}{(1+i)^j} + \cdots \tag{1}$$

となりますが，この両辺に $1/(1+i)$ をかけると，

$$\frac{P_0}{1+i} = \frac{r}{(1+i)^2} + \frac{r}{(1+i)^3} + \cdots + \frac{r}{(1+i)^{j+1}} + \cdots \qquad (2)$$

となります。式 (1) の左辺から式 (2) の左辺を，式 (1) の右辺から式 (2) の右辺を引くと，式 (1) の右辺第2項以降と式 (2) の右辺とが等しいことから，

$$\frac{iP_0}{1+i} = \frac{r}{1+i}$$

のようになり，これを整理すると，

$$P_0 = \frac{r}{i} \qquad (3)$$

のように簡単になります。これを見ると，地代が高いほど，そして，利子率が低いほど，地価は高いことがわかります。

収益還元法の考え方は，需要と供給のバランスについての議論に拠っています。まず，利子率を固定して考えると，式 (3) は，持ち家市場で家を買うのと借家市場で家を借りるのとでは差がないことを意味します。もし，$P_0 > r/i$ であれば，買うより借りた方が得ですので，需要が持ち家市場から借家市場へと移り，持ち家市場の価格である $P_0$ が下がって借家市場の価格である $r$ が上がると考えられます。$P_0 < r/i$ であれば，逆の動きが生じて，$P_0$ が上がって $r$ が下がると考えられます。したがって，式 (3) はこうした**裁定行動**（利ざやを得ようとする行動）が生じなくなる均衡を表現していると考えられるのです。

また，この式は，土地とその他の安全資産との間での裁定行動が生じないことも意味します。今期の次の期の地価を $P_1$ と書くと，式 (1) は次のように変形できます。

$$P_0 = \frac{r + P_1}{1+i}$$

これを変形すると，

$$i = \frac{r + P_1 - P_0}{P_0} \qquad (4)$$

のようになりますが，この式の左辺は安全資産の利子率です。右辺の分子は1

期当たりの地代と地価の変化分の合計，右辺の分母は今期の地価ですので，右辺全体は今期土地を買ったときの収益率を表しています。つまり，土地市場の収益率が，代替的な運用手段である安全資産の利子率に等しいことを意味するわけです。ここでも，もし等式が成立していなければ，裁定行動により価格が変化すると考えられます。

## ┃ その他の費用や税の影響 ┃

ここまでの簡素な設定を若干拡張してみましょう。例えば，毎期土地の維持管理に費用がかかり，それが地価の $100\mu\%$ で，また，税率 $100\tau\%$ の固定資産税がかかるとしましょう。さらに，地価の上昇率を $g$ とします。すると，$P_1=(1+g)P_0-\mu P_0-\tau P_0$，つまり，$P_1-P_0=(g-\mu-\tau)P_0$ ですので，式 (4) は

$$i=\frac{r+(g-\mu-\tau)P_0}{P_0}$$

となります。そのためこのような拡張のもとでは式 (3) は，

$$(i+\mu+\tau-g)P_0=r$$

のように変化します。なお，こういった式において，$i+\mu+\tau-g$ は，機会費用も含めた，土地を購入するときの諸々の費用の程度を表しているとも解釈できますので**資本コスト**とも呼ばれます。

ここでの地価と地代との関係と同様の関係が，住宅価格と家賃との間にも成り立つと考えられます。ここでの家賃は，通常の借家の家賃だけでなく，持ち家に住んでいる人が，その受けている住宅サービスに対して家賃を支払っていると見なして計算される帰属家賃を含みます。その点は少し注意が必要ですが，それ以外の点では地価と地代との関係をそのまま読み替えることで，両者をつなぐことができます。

最後に，住宅価格は通常土地価格と建物の価格両方を含みます。そのため，当然のように，地価の上昇は住宅供給の費用を引き上げ，住宅供給曲線を上方シフトさせます。通常想定される右上がりの供給曲線と右下がりの需要曲線が想定できれば，そして，住宅需要曲線が動かなければ，これは，住宅価格の上昇を引き起こすことになります。こうして，地価と住宅価格は連動すると考え

られるわけです。

　地価と地代，そして，住宅価格と家賃との間をつなぐ考え方の一つが収益還元法です。この考え方は裁定行動とも関係しています。

# 3　ストック・フローアプローチ

　これまで，住宅価格と家賃の関係，地価と地代の関係，そして，地価と住宅価格との関係をどう考えればよいのかについて紹介してきました。これで，どれか一つの価格が決まれば残りのすべてについての決定を論じることができます。では，その一つはどう決まると考えればよいでしょうか？ ここでは，住宅価格の決まり方として標準的に用いられている**ストック・フローアプローチ**を簡単に紹介しましょう。一般的に，あるもののストックとは，そのもののある時点での総量のことですし，フローとは，一定期間内におけるそのものの変化量のことを表します。このストックとフローという考え方を用いて，住宅市場をとらえてみよう，というわけです。

　このアプローチの特徴は，住宅供給を短期と長期に分けて考える点にあります。第1節で見たように，日本には多くの住宅が存在していますが，これらは一瞬で建てられたわけではなく，長い期間を通じて建てられてきました。実際，すでにある住宅数，つまり，住宅のストックに比べ，1年間で建てられた住宅数，つまり，住宅のフローは格段に少ないのです。例えば，2018年度の新設住宅着工戸数は約95万戸でした（出典：国土交通省「令和4年度住宅経済関連データ」）。もちろんこの数字自体を見ると，多くの家が建てられたような気がします。しかし，**表5.1**にあるように，2018年の住宅総数は約6200万戸とはるかに多く，新設住宅着工戸数はその1.5%程度なのです。1年間に新たに建設される住宅が，全体の2%未満ということですから，住宅供給全体が変化するにはある程度長い期間が必要であり，ごく短い期間には変化しないと考えた方が現実に合いそうです。このアイデアを取り入れたのが，ストック・フローアプローチです。

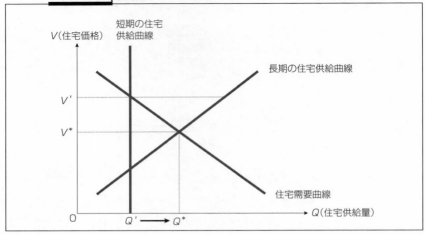

ここでは，横軸に住宅戸数 $Q$ を，縦軸に住宅価格 $V$ をとった図において，通常の右下がりの需要曲線を想定しておきましょう。一方，住宅供給は短期的には変化しないと考えるわけですから，住宅供給量は住宅価格に関わらず一定です。したがって，短期の住宅供給曲線は，垂直な直線で表現されます。短期的には，この住宅需要曲線と短期の住宅供給曲線との交点で市場均衡における住宅価格が決まる，と考えるのです。しかし，長期的には住宅供給が変化しますので，長期には右上がりの住宅供給曲線を想定しておきます。この長期の住宅供給曲線は，前節の最後で説明したように，土地価格などにより決まります。長期的にはこの長期の住宅供給曲線と住宅需要曲線との交点で市場均衡における住宅数と住宅価格が決まると考えることになります。

　もちろん，たまたま短期の均衡住宅価格と長期の均衡住宅価格とが等しければ，何の問題もありません。しかし，それらが異なるときはどうなるのでしょうか？　そのときにどうなるかを，図5.2 を用いて説明しましょう。

　この図では，短期の住宅供給が $Q'$ と少なく，均衡住宅価格 $V'$ が長期の均衡住宅価格 $V^*$ よりも高い場合を描いています。この場合，長期的にはより多くの住宅が供給されていきますので，住宅数が $Q'$ から徐々に増え，短期の住宅供給曲線が右へシフトしていきます。それにつれて，短期の均衡住宅価格も住宅需要曲線に沿って下がっていきます。短期の住宅供給が $Q^*$ より多ければ，

短期の住宅価格が $V^*$ より低くなりますので，住宅供給が徐々に減って，短期の均衡住宅価格は住宅需要曲線に沿って上がっていきます。こうして，最終的には，長期の住宅供給曲線と住宅需要曲線の交点に落ち着くと考えられるのです。もちろん，経済全体の景気変動や政策の変更などさまざまなショックにより，長期の住宅供給曲線も住宅需要曲線も動く可能性があります。そうすると，改めて先ほどの調整過程がはじまるのです。

　ここでの議論を実際に当てはめて考えるとき，供給が増える場合は新たに建てられることを想定すればよいですが，減る場合はどのようなことを想定するのでしょうか？　通常，家は維持管理を怠ればしだいに老朽化し，一定水準より老朽化が進むと取り壊されることになります。住宅価格が低ければ，こうした維持管理が放棄され，取り壊される住宅が出てくる，と考えるのです。このため，増えるにせよ減るにせよ，時間がかかることを想定するわけです。

**POINT**

　長期と短期とを区別して，住宅価格の決定を考えるのがストック・フローアプローチです。

# 4 住宅市場・土地市場に関わる政策

　住宅市場，土地市場に関わる政策は多数ありますので，とてもすべては紹介しきれませんが，ごく簡単に説明しておきましょう。まず特徴的なのが，土地に対する政策のために，日本には大きく分けて4種類の土地価格が存在している，いわゆる「**一物四価**」の状態にある，ということです。まず，実際の取引価格である**実勢価格**です。これは私たちが土地の取引を行う際に直面する価格です。次に，国土交通省が発表する**地価公示**の価格（公示地価）です。これが最もよく知られた土地価格といえるでしょう。公示地価は，先ほど説明した収益還元法と取引事例比較法を併せて算定されます（これに準ずる物として，都道府県知事が主体となって行う都道府県地価調査の基準地があります。これも含めると，一物五価です）。そして，市町村による**路線価**という土地価格もあります。これは，相続税を決める際の評価額で，公示地価の8割程度に定められています。

最後に，市町村による**固定資産税評価額**があり，公示地価の7割未満となっています。

　土地に関わる税制についても簡単にまとめておきましょう。まず，土地保有に関わる税として，**固定資産税**と**都市計画税**が挙げられます。固定資産税は市町村が課税する税で，小規模な住宅地や市街化区域内農地（生産緑地）への軽減措置がとられています。都市計画税は，市町村が都市計画事業または土地区画整理事業に要する費用に充てるために設けた目的税です。次に，土地取引に関わる税として，**土地譲渡所得税**と**土地取得税**があります。土地譲渡所得税は，個人か法人かで，また，保有期間が5年を超えるかどうかで異なります。個人・法人の両方について，5年を超える場合が5年以下の場合より軽くなっています。土地取得税は，国税の登録免許税と地方税（都道府県）の不動産取得税とがあります。最後に，土地の相続に関わる税である，**相続税**があります。日本の相続税の特徴としては，他国に比べて累進性が強いことが挙げられます。また，小規模宅地，生産緑地に対しては軽減税率が設定されています。

　住宅政策としては，主に以下のようなものがあります。まず，いわゆる公営・公団住宅などのような，公的な住宅供給です。公営住宅は，地方公共団体により供給され，低所得層を対象にしています。公団住宅は供給する組織が，日本住宅公団，住宅・都市整備公団，都市基盤整備公団，独立行政法人都市再生機構（UR都市機構）と変化してきましたが，平均的な勤労者世帯を対象としています。次に，金銭的な援助として，賃貸住宅向けには，特定優良賃貸住宅供給促進制度による家賃補助があり，持ち家向けには，以前の住宅金融公庫，現在の独立行政法人住宅金融支援機構による低金利の個人住宅貸し付け政策，所得税の住宅取得に関わる控除，贈与税の特例措置，相続税の評価における減額，不動産取得税の軽減，固定資産税の評価における減額などさまざまなものがあります。こうした手厚い持ち家補助政策は，家計による賃貸住宅と持ち家との選択に影響を及ぼし，住宅市場に歪みをもたらしていると考えられます（もちろん，税金やその他の制度もこうした選択に影響を及ぼします。例えば，借地・借家契約は借地借家法によって規定されていますが，こうした法律も重要な役割を果たします）。

　家は一生の買い物，とかいわれたりもするように，普通の人にとって家を購入する機会はそう多くはないでしょう。その一世一代の買い物をするときに，新築の家を選びますか？　それとも，中古の家を選びますか？

　これは統計がとられているわけではありませんが，日本では他の国に比べて新築の家を好む人が多いといわれています。実際，日本では中古住宅の市場規模が欧米より小さいことは有名です。

　欧米に比べて日本で中古住宅市場が発達しない理由としては，どんなことが考えられるでしょうか？　家を建てる際に，建てた人が使ったらあとは取り壊すことを念頭に，耐用年数の短い家を建てているせいかもしれませんし，欧米では地震が少ないため，古い家でも危険が少ないせいかもしれません。もしくは，文化的に，日本では家は建て替えていくものだとされている一方で，欧米では後世まで受け継いでいくものとされているからかもしれません。または日本が伝統的に木造建築中心で，欧米は伝統的に石造りであったことが影響しているのかもしれません。いろいろと説明は可能ですが，おそらくはこれらのさまざまな要因が複合的に作用していると考えられます。

**POINT**

　住宅市場・土地市場に関わる政策は多岐にわたり，また，年々変化していますので，まずは大まかな傾向を把握しておいてください。

**EXERCISE ●練習問題**

①　自分の住む地域の住宅の特徴を調べて，第1節で紹介した日本の平均的な住宅の特徴と比べてみましょう。

②　収益還元法の基本ケースを拡張して，家賃が毎期 $100h\%$ 上昇すると，式(1)はどのように変化するでしょうか？

③　ストック・フローアプローチにおいて，長期均衡にある状態から，住宅需要が増え，需要曲線が上方にシフトしたとき，住宅市場の均衡はどのように変化していくでしょうか？

第**6**章

# 都市内土地利用の分析

## 通勤とマイホームのバランスとは？

　前の章では，住宅市場，土地市場をどのようにとらえたらよいのか，についての大枠を説明しました。しかし，実際の土地市場，住宅市場には，もう一つ重要な側面があります。それは，土地は他の場所に動かすことができない，という点です。この性質のため，似たような性質を持つ土地であっても，「どこにあるのか」によって，利用価値が大きく違ってしまいます。当然，住宅も，その立地場所により，価値が大きく変わります。そして，住宅として利用する価値の高い土地のみが，住宅地として開発されることになるのです。実際，住宅地は，この世にある土地にまんべんなく分布しているのではありません。特定の範囲に，固まるようにして存在していることがほとんどです。例として，関東と近畿の住宅地の様子を，衛星写真で確かめてみましょう。

　次ページの**図6.1**の（a）は関東地方，（b）は近畿地方の衛星写真で，その中の白っぽいところが住宅地です。これらを見ると，住宅地が一面にまんべんなく広がって，緑地と混ざっているのではなく，住宅地は住宅地で固まり，それと緑地や山，森林とはかなりくっきりと分かれていることが確認できます。よく知られているように，この住宅地は，真ん中の方にいわゆるビジネス街や商業地区があり，そこから外側へと住宅地が広がる，という構造をしています。こうした住宅地の様子を，立地空間を明示的に扱って表現するにはどのようにすればよいでしょうか？　この章では，立地による土地の価値の違いを表現で

CHART 図6.1 衛星写真で見る関東・近畿

(a) 関東

(b) 近畿

(出典) JAXA 宇宙航空研究開発機構「だいちから見た日本の都市」(https://www.satnavi.jaxa.jp/project/alos/gallery/cat01/map/index.html, 2023 年 9 月 27 日最終確認)。

きる枠組みを説明し，地価や地代，そして，住宅価格や家賃が立地ごとにどのように決まるのかを考えていきましょう。

# 1 通勤と立地と土地利用

　先ほど，衛星写真でどこまで住宅地が広がっているかを確認しましたが，その中で，土地や住宅の価格はどのようなパターンを描いているのでしょうか？住宅地の中心に，ビジネス街や商業地区があることが多いわけですから，住宅地から中心へと人々は通勤していると考えられます。直観的にも，こうした通勤の必要性は，住宅地の値段を大きく左右しそうです。図6.2 は，三大都市圏である東京圏（東京・神奈川・埼玉・千葉），大阪圏（大阪・京都・兵庫・奈良），名古屋圏（愛知・岐阜・三重）の基準地価を表しています。

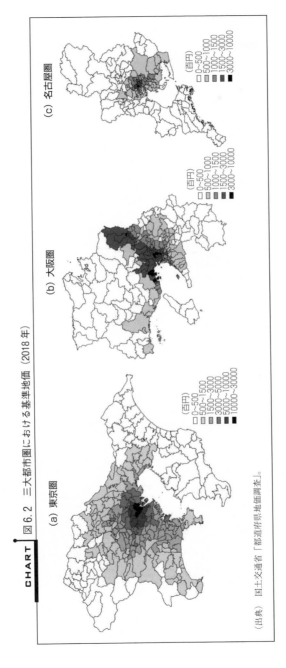

CHART 図6.2 三大都市圏における基準地価 (2018年)

(a) 東京圏　(b) 大阪圏　(c) 名古屋圏

(百円)
□ 0~500
□ 500~1500
■ 1500~3000
■ 3000~5000
■ 5000~10000
■ 10000~30000

(百円)
□ 0~500
□ 500~1000
□ 1000~1500
■ 1500~3000
■ 3000~10000

(百円)
□ 0~500
□ 500~1000
□ 1000~1500
■ 1500~3000
■ 3000~10000

(出典) 国土交通省「都道府県地価調査」。

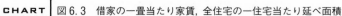

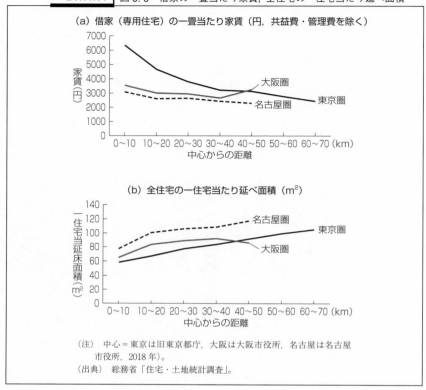

CHART 図6.3 借家の一畳当たり家賃，全住宅の一住宅当たり延べ面積

(注)　中心＝東京は旧東京都庁，大阪は大阪市役所，名古屋は名古屋市役所，2018 年）。
(出典)　総務省「住宅・土地統計調査」。

　図6.2 では色の濃い場所ほど地価が高いことを示していますが，どの都市圏でも，いわゆる中心部において，地価が高くなっていることが確認できます。東京圏であれば，都心三区（千代田区・中央区・港区）が最も高く，大阪圏では大阪市，神戸市，京都市が高く，そして，名古屋圏では名古屋市が高くなっています。

　さらに，こうした地価の高さは，当然住宅の価格にも反映されます。図6.3 (a) では，三大都市圏の借家の家賃を中心からの距離帯ごとにグラフにしていますが，やはり中心から遠くなるほど家賃は下がる傾向にあります。

　大阪圏だけが，中心から 40〜50 km のところで家賃が上がっていますが，これは，神戸や京都がある影響だと考えられます。

　図6.3 (b) では，住宅の延べ面積を，中心からの距離帯ごとにグラフにし

ていますが，家賃や住宅価格を反映し，中心から遠いほど，住宅面積は広くなっていることが確認できます。ここでも，大阪圏のみが，中心から 40〜50 km のところで住宅が狭くなっていますが，これも，神戸，京都の影響であると考えられます。これまでの議論をまとめると，都市の中で，ビジネス街や商業地区を中心に住宅地は広がり，そこへのアクセスを反映して，中心に近いほど土地や住宅の価格は高く，住宅は狭くなっているわけです。こうした土地利用のあり方を経済学の枠組みで表現するにはどのようにしたらよいでしょうか？次の節以降で，いわゆるミクロ経済学の枠組みで土地利用を扱う方法について説明します。

> 住宅地として利用されている土地は偏在しています。その中では，いわゆる都心に近いところで家賃や住宅価格，地代，地価は高くなっています。

#  古典的な土地利用分析

　土地利用を考える上で，重要な概念として，**付け値地代**（bid rent）があります。これを理解するために，まずは 19 世紀に考案された，古典的な，チューネンによる土地利用の分析について紹介することにします。**チューネンモデル**は，農地利用を分析するために考案されたものですが，それを簡単化したものを説明しましょう。

### ▌市場への近接性と利益▐

　チューネンモデルの考え方の基本は，**市場への近接性**が地代を決める，というものです。まず，農地として利用可能な広い平野があることを想定します。そこに，一つだけ農産物を売買できる市場があるとします。農地で作った農作物は，市場へ運んで売る必要がありますので，輸送費を考えれば，できるだけ市場に近い場所で作物を育てようという誘因が働きます。ここで，作物が二種類（1, 2）あるとしましょう。作物の種類は何種類でもかまいませんが，説明を簡単にするために二種類にしておきます。作物 $i$（$i=1, 2$）について，土地単

位面積当たり収穫量 $Q_i$, 価格 $P_i$, 土地支払い以外の限界費用 $c_i$, 生産物単位当たり距離当たり輸送費 $f_i$ が一定であるとします。ここで, 生産された物の単位が kg で距離の単位が km なら, 生産物 1 kg を 1 km 運ぶための費用が $f_i$ です。輸送費が輸送距離に比例的であることにも注意してください。これらは一定としていますので外生変数です。もちろん, これらは作物ごとに異なっていても, 同じでもかまいません。すべて二つの作物で同じであれば, どこでどの作物が作られるかは決まりませんし, 異なっていれば, その違いに応じてどこでどの作物が作られるかが決まります。

市場からのある立地点までの距離を $x$ で, **市場地代**を $r(x)$ で表すと, 作物 $i$ を市場からの距離が $x$ の地点（これを立地点 $x$ と呼んでおきましょう）で育てたときの土地単位面積当たり売り上げは $Q_iP_i$, 土地支払い以外の総費用が $Q_ic_i$, 市場までの輸送費が $Q_if_ix$ で, 土地支払いが $r(x)$ ですので, 土地単位面積当たり利益 $\pi_i(x)$ は次のように表せます。

$$\pi_i(x) = Q_i(P_i - c_i - f_ix) - r(x)$$

この中で, 市場地代は, 後ほど説明するように, モデルの中で式 (1) および (2) によって決まります。すなわち, $r(x)$ は内生変数です。ここで, $r(x)$ と $\pi_i(x)$ という表記は, これらが立地点 $x$ によって異なるので, 地代や利益が $x$ に依存していることを明示しているだけです。具体的にどのような形の式になるかは後で決まります。

## 付け値地代と市場地代

農家は作る作物を選べて, また, 農業以外も選べるとします。農業以外を選んだときの土地単位面積当たり利益を 0 に基準化しておきます。この値は一定であればいくらでもかまいませんので, 表記を簡単にするために 0 にしておきます。両方の作物が作られる均衡の条件は以下の二つです。まず, 農家が作る作物を自由に選べることから, どちらを選んでも同じ利益を得ることになります。しかも, その利益は 0 になります。もしどちらかの作物, もしくは農業以外の方が利益が高ければ, そちらしか選ばないはずですので, 両方の作物が作られている以上, どちらを選んでも利益は同じ 0 になっていなければなりません。

次の条件は，地主は最も高い地代を支払う人に土地を貸す，というものです。この条件を考える上で，付け値地代という概念が登場します。この付け値地代は，一つ目の利益に関する条件を用いる必要があります。利益に関する条件から，均衡ではどの$i$，そして，どの立地点$x$についても，利益$\pi_i(x)$が0になっています。この条件のもとで作物$i$を育てる農家が**最大限支払える地代**，というものを考えてみましょう。その地代を$R_i(x)$と書くと，$R_i(x)$という地代のもとでの利益が$\pi_i(x) = Q_i(P_i - c_i - f_i x) - R_i(x)$で表されますので，$\pi_i(x) = Q_i(P_i - c_i - f_i x) - R_i(x) = 0$となります。これを変形させると，

$$R_i(x) = Q_i(P_i - c_i - f_i x) \tag{1}$$

となり，これが，利益が0になるという条件のもとで，作物$i$を育てる農家が最大限支払える地代，すなわち付け値地代になるのです。この付け値地代を用いると，高い地代を支払える人が土地を利用する，という条件は，市場地代$r(x)$が，$R_i(x)$と0との高い方で決まる，という条件に等しくなります。要は，より高い地代を支払う人がその土地を使い，その人の付け値地代が市場地代になるわけです。つまり，

$$r(x) = [R_1(x),\ R_2(x),\ 0 \text{のうち最も大きいもの}] \tag{2}$$

のように市場地代が決まる，ということです。

## 土地利用パターン

では，これら二つの条件を満たす均衡における土地利用パターンはどのようになるでしょうか？　それを確かめるために，まず，付け値地代の形状を確認しておきましょう。次ページの**図6.4**（a）は，作物$i$の付け値地代$R_i(x)$のグラフです。

式（1）より，横軸に市場からの距離$x$を，縦軸に付け値地代$R_i(x)$をとると，このグラフが，切片$Q_i(P_i - c_i)$，傾き$-Q_i f_i$の直線になることがわかります。したがって，どちらの作物についても，市場から遠いほど付け値地代は低くなり，収穫量$Q_i$と輸送費$f_i$が大きいほどその下がり方（傾き）が，大きく（急に）なります。では，こうした形状の付け値地代のグラフのもとで，高い

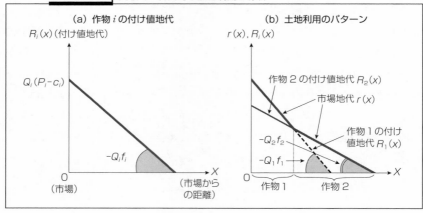

**CHART** 図6.4 古典的な土地利用の分析

(a) 作物 $i$ の付け値地代

$R_i(x)$ (付け値地代)

$Q_i(P_i - c_i)$

$-Q_i f_i$

0　　　　　　　　　　　　　　　$X$
(市場)　　　　　　　　　　　　(市場から
　　　　　　　　　　　　　　　の距離)

(b) 土地利用のパターン

$r(x), R_i(x)$

作物2の付け値地代 $R_2(x)$

市場地代 $r(x)$

作物1の付け
値地代 $R_1(x)$

$-Q_2 f_2$

$-Q_1 f_1$

0　　作物1　　　作物2　　　　$X$

地代を支払う人がその土地を利用する，という条件を考えてみましょう。ここで，一般性を失うことなく，$Q_1 f_1 > Q_2 f_2$ と仮定します。これは，作物1の方が，作物2より土地単位面積当たり収穫量と輸送費の両方が大きいとか，どちらか一方が著しく大きいなどの場合に成立します。すると，両方の作物が作られる均衡においては，図6.4（b）のような状況が成り立っていなければなりません。この場合，二つの付け値地代のグラフの交点より内側では，作物1の付け値地代が，外側では，作物2の付け値地代が高くなっていますので，内側で作物1が，外側で作物2が育てられることになるのです。つまり，土地面積当たり収穫量の多い作物ほど，そして，輸送費の高い作物ほど，市場に近い地点で作られるというわけです。

　この分析が考案されたのが19世紀ですので，それを現在にそのまま当てはめることはできません。しかし，それでも，傷みやすい葉物野菜は質を保ったまま輸送するのに費用がかかるため都市近郊で作られていることなどに鑑みると，そこから得られる知見は少なくありません。実際，この付け値地代という概念を用いて，現在でも都市部における住宅地利用が分析されています。

**POINT**

　付け値地代とは，ある人が最大限支払える地代を指します。この付け値地代を用いて，土地利用を分析することができます。

┌─────────────────────────────────────────────────────┐
│ **Column❻-1　江戸時代にも行われていたゾーニング**

　土地利用に関わる政策の代表的なものとして，用途地域制度，というものが
あります。これは，要するに，この土地には住宅しか建ててはいけません，こ
の土地では店は開いても大丈夫です，この土地では工場も建てることができま
す，というように，土地の利用を制限するものです。皆さんが住んでいる場所
にもこうした規制は関係しています。都道府県庁のウェブページから用途地域
を確認することができます。こうした用途地域制度は，より一般的には，ゾー
ニング，と呼ばれています。

　では，なぜゾーニングが必要になるのでしょうか？　それは，いわゆる外部
性（外部経済・外部不経済）のためです。ある行動が，他の人に意図せずに影
響を及ぼしていて，しかも，その行為が市場取引の対象になっていない場合，
外部性がある，といいます。もしある人の住まいの隣に工場を建てたり，店を
開いたりすると，当然ですが，工場の機械や店への来客がたてる音がその人
に迷惑を及ぼす可能性があります。しかし，工場や店を構える人は，その影響
を考慮するとは限りません。外部性の可能性があるわけです。こうした外部性
を極力避けるために，土地利用を規制する，というのがゾーニングの考え方で
す。

　このようなゾーニングは，別段目新しいものではなく，日本では江戸時代に
も同様の制度が存在していました。武士は武士，町人は町人で，住める場所が
異なっていたのです。江戸時代の古地図を見ると，ゾーニングが行われていた
ことを確認することができます。もちろん，その時代に，外部性という概念が
あったとは思いませんが，経験則として，そうした方が快適に暮らせる，と考
えられたのでしょう。

##  単一中心都市モデルによる都市内土地利用の分析

　ここで紹介する，消費者行動から始めて土地利用を分析する枠組みは，それ
を同時期に考え出した人々の名前から，**アロンゾ・ムース・ミルズモデル**，も
しくは，その都市構造に関する想定から，**単一中心都市モデル**と呼ばれていま
す。このモデルは，都市の中心となるビジネス街（もしくは商業地区）が一つだ

けあり，その周囲に住宅街が広がる様子を想定しているため，中心が一つということで，単一中心都市モデルという名前がついています。都市の中心があることを前提にしますので，なぜそうした中心ができ上がるのか，については何もいうことができないのですが，その代わり，なぜその周辺に住宅地が広がっていくのか，そして，その結果どのような資源配分が実現するのか，を分析するのには強力な道具です。

## 単一中心都市モデルの仮定

単一中心都市モデルでは，空間構造について次の三つの基本的な仮定をおきます。

①　都市は同質で，均質な平野に形成される。

②　中心に**中心業務地区**（CBD: Central Business District）があり，都市住民は全員そこに通勤し，働き，一定の所得 $I$ を得る。

③　通勤費は CBD からの距離のみに依存する。

①は，土地の特徴は別立てで考えよう，というものです。実際には川があったり，山があったりしますが，その形状はその土地により異なります。それをすべて網羅するような一般的な枠組みはありませんので，土地の特徴はいったん横においておいて，特徴のない平面を想定するのです。②については，やや発展的な話題として，業務地区が複数ある都市の分析も行われていますが，本書の範囲を超えますので，ここでは基本的な，業務地区が一つの都市を想定します。③は，交通網が CBD から放射状に，密に存在していることを意味します。実際の道路は必ずしもそのような形状をしていませんし，CBD からの距離が同じでも鉄道網によって通勤費が異なることもありえます。しかし，これも①の場合と同様に，すべての可能性を網羅することは不可能ですので，基本的な枠組みでは，通勤費が CBD からの距離のみに依存しているとし，その場所の特殊性は個別に扱うのです。これにより，都市の住宅地は，CBD を中心に，同心円状に広がることになります。

そして，土地（サービス）を需要する都市住民と，供給する地主については，次のように考えます。

④　消費者である都市住民は，土地消費（土地からのサービスの消費）$q$ とそ

れ以外の財の消費 $z$ から効用を得，プライステイカーとして効用最大化を行っている。

⑤　地主は，非弾力的に土地を供給し，最も高い地代を支払える人に土地を貸す。

④は，このモデルがミクロ経済学の消費者理論の応用であることを示しています。最後に，⑤は，土地がさまざまな要因で差別化されていて，特に，場所まで含めると同じ土地は二つとないことから，地主が独占的に振る舞えることを想定したものです。

ここでは，さらに，簡単化のため，次の四つを仮定します。

(a)　通勤費は $tx$ で表される。ただし，$t$ は正の定数とする。

(b)　都市住民以外が土地を所有している。

(c)　都市内外を自由に移動できる。さらに，都市の外の効用水準は $\bar{u}$ で一定である。

(d)　引っ越し費用は無視する。

これらは，単一中心都市モデルで必ずしも仮定されるものではありません。(a) の通勤費は，もっと一般的な形でも結論が変わらないことがわかっています。(b) は，都市の外に地主がいるということで，**不在地主**のケースと呼ばれています。これに対して，都市住民が土地を所有していると仮定することも可能で，その場合を，**公的所有**のケースと呼びます。(c) は，（小）**開放都市**のケースと呼ばれます。都市の外に比べて，その都市が小さく，都市で起きたことが外に影響を与えず，都市の外の効用水準が一定とすることから，「小」をつけることがあります。これに対して，人が都市の内外を行き来できないとすることも可能で，その場合を，**閉鎖都市**のケースと呼びます。これら四つの仮定は，変更してもこことほぼ同様の分析が可能なのですが，説明が簡単になるというご利益があります。

## ┃ 均衡の条件 ┃

都市内に人が住む均衡の条件は，次の三つです。まず，都市住民は効用最大化を行っている，というものです。次に，都市住民は，立地点によらず，同じ効用 $\bar{u}$ を得ている，というものです。これは，人々がよその場所に移動する誘

CHART 図6.5 均衡における市場地代の性質

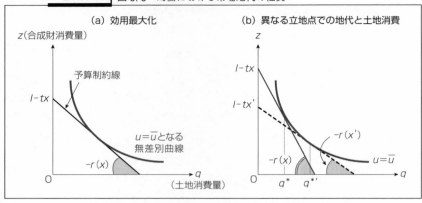

(a) 効用最大化 (b) 異なる立地点での地代と土地消費

因を持たないために必要です。移動する誘因があるような状況は，均衡とは呼べませんので，この条件を課します。最後に，不在地主は最も高い地代を支払う人に貸す，つまり，地主が地代収入を最大化している，というものです。これらの三つの条件の意味するところを順番に見ていきましょう。

**《都市住民の効用最大化》** ここでは，効用関数を，$u=u(q,z)$ のように書いておきましょう。$q$ は土地消費量で，$z$ はその他の財をまとめたものです。こうした財を合成財と呼びます。さらに，$z$ を価値基準財（ニュメレール財）とします。したがって，$z$ の価格は１です。つまり，人々は，土地消費と合成財の消費から効用を得ているわけです。効用関数のグラフの等高線である無差別曲線は，図6.5 (a) にあるように，横軸 $q$，縦軸 $z$ の平面で，右下がりで，原点に向かって凸の形をしている，とします。

さらに，無差別曲線が，右上に位置するほど，効用水準が高くなるような効用関数を想定しておきます。これらは，通常のミクロ経済学に出てくる効用関数を想定していることを示しています。$u(q,z)$ の具体的な式の形は特定化していません。一般的に土地消費量 $q$ と合成財消費量 $z$ に依存していることを表現するため，$u(q,z)$ のように書いていますが，このグラフが図6.5のようになるのであれば，どのような式でもかまいません。予算制約式は，

$$I-tx=z+r(x)q$$

となります。この左辺は，所得 $I$ から通勤費 $tx$ を引いたものです。これが実質所得ですので，それを土地消費と合成財消費に使います。$r(x)$ は立地点 $x$ の市場地代です。

　図 6.5（a）は，この予算制約のもとでの効用最大化の様子を描いています。予算制約式は，切片 $I-tx$，傾き $-r(x)$ の直線で表されます。予算制約式のグラフが無差別曲線に接する点が，最適消費点です。最初の均衡の条件は，このような状態が成立することを意味します。

**《都市住民の効用均一化》**　次の条件は，都市住民が都市内で移動する誘因を持たない，というものでしたが，これは，都市内のどこに住んでも同じ効用 $\bar{u}$ を得ていることを要求しますので，無差別曲線が，$u=\bar{u}$ となる $q$ と $z$ の組み合わせになっていることを示しています。これら二つの条件から，均衡における市場地代の性質が一つわかります。いま，二つの立地点 $x$ と $x'$ を考えてみましょう。ただし，$x'>x$ とします。このとき，$I-tx'<I-tx$ ですので，図 6.5（b）に描かれているように，これらの立地点に住む人の予算制約式のグラフは，$x'$ に住む人の方が，切片が小さくなります。無差別曲線は共通ですので，それぞれの立地点に住む人の最適消費点は，異なることになります。当然，切片が低い $x'$ から無差別曲線に接線を引くと，傾きは緩くなりますので，$r(x')<r(x)$ が成立していなくてはなりません。つまり，CBD から遠い立地点の方が，市場地代が低くなっていなければならないのです。さらに，その裏側で，土地消費量にも差が出ています。立地点 $x'$ での土地消費量 $q^{*'}$ は，$x$ での土地消費量 $q^*$ より大きくなっていますので，CBD から遠い立地点の方が，広い土地を消費しています。CBD から遠くに住むと，高い通勤費を負担する必要が出てきます。一方で，都市内の効用水準は等しくなっていますので，通勤費の差を埋め合わせるために，安い地代のもとで，広い土地を消費しているのです。市場地代が，通勤費の差を反映しているともいえます。

**《地主の地代最大化》**　ここで，古典的な土地利用分析の場合と同様に，付け値地代という概念を使って，市場地代の決定を論ずることにしましょう。図 6.5 は，$\bar{u}$ を達成するという条件のもとで，$r(x)$ が消費者にとって付け値地代，すな

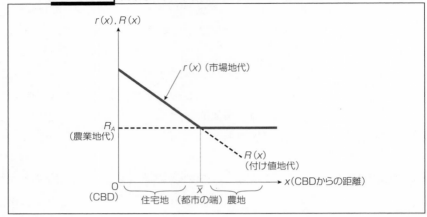

わち，最大限支払える地代になっていることを示しています。住宅地として利用する限りは，地主が受け取る最高額が付け値地代なのです。この付け値地代と，住宅以外の用途に土地を用いたときの地代とを比べて，地代が高くなるように土地を貸せば，地主は最も高い地代を支払う人に土地を貸していることになります。すると，付け値地代を $R(x)$，住宅以外の用途に土地を用いたときの地代（ここでは農業地代と呼んでおきます）を $R_A$ と書くと

$$r(x) = \begin{cases} R(x) & R(x) \geqq R_A \text{ の場合} \\ R_A & R(x) < R_A \text{ の場合} \end{cases}$$

によって市場地代は決まると考えればよいことになります。農業地代 $R_A$ が一定であるとすると，市場地代決定の様子は，図6.6のように表されます。

付け値地代 $R(x)$ と農業地代 $R_A$ との交点で，住宅地と農地の境目，つまり，都市の端の位置 $\bar{x}$ が決まります。図6.5 (b) より，$R(x)$ は CBD からの距離に伴い低くなりますので，$\bar{x}$ より内側では，住宅としての土地消費からの付け値地代が農業地代を上回り，外側では農業地代が上回りますので，内側が住宅地として，外側が農地として利用されることになります。これが，基本的な単一中心都市モデルにおける土地利用パターンです。最後にモデルで決めなければならないのが，都市人口 $N$ で，

$$N = \int_0^{\bar{x}} \frac{2\pi x}{q^*} dx$$

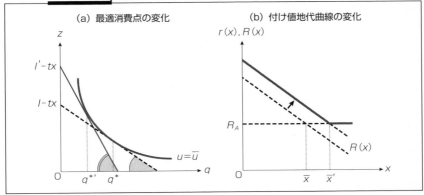

(a) 最適消費点の変化　　(b) 付け値地代曲線の変化

のように決まります。立地点 $x$ の土地の量は都心から距離 $x$ の円周の長さで表現されますので，そこに住める人の数は $2\pi x/q^*$ です。それを都心から都市の端 $\overline{x}$ まで足し合わせたら都市人口 $N$ に等しくなる，というのがこの条件の意味です。積分記号になじみのない方は，そういう意味の式なのだ，とだけ理解しておいてください。

## 比較静学分析

ここまで説明してきた単一中心都市モデルを用いて，少し分析を行ってみましょう。例として，都市内所得が高くなるとどうなるか，そして，都市内通勤費用が上がるとどうなるか，を考えてみましょう。この思考実験は，所得が異なる都市の間の違いはどのようになるのか，そして，通勤費が異なる都市の間の違いはどのようになるのか，を考えることとも同じです。このように，モデルの外で決まる変数（外生変数）が変化したときの影響を探る分析のことを**比較静学分析**と呼びます。

まず，所得が高くなったらどうなるか，から始めましょう。都市内所得が $I$ から $I'$ に変化したとします。ただし，$I'>I$ とします。すると，図6.7 (a) のように最適消費点が変化します。

所得が高くなると，予算制約式のグラフの切片が高くなりますので，そこから無差別曲線へ引いた接戦の傾きは急になります。つまり，付け値地代が高くなるのです。したがって，図6.7 (b) のように，付け値地代のグラフは上方

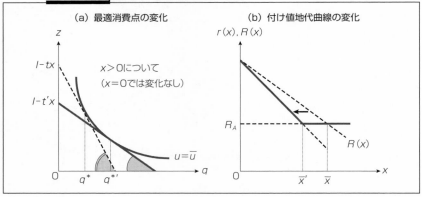

(a) 最適消費点の変化　　　　(b) 付け値地代曲線の変化

にシフトし，都市の端の位置 $\bar{x}$ は外側へと動きます。また，図6.7（a）に描かれているように，高い付け値地代は高い市場地代につながりますので，それを反映して，土地消費量 $q^*$ は少なくなります。それぞれの住民が狭い土地しか消費しなくなるにもかかわらず，都市面積は広くなりますので，都市人口は増えることになります。この結果を所得の異なる都市間の違いと見なすと，所得の高い都市では，低い都市より，住宅は狭く，都市面積は広く，人口規模は大きいと考えられるのです。

　次に，通勤費が高くなったらどうなるかを考えましょう。通勤費が $t$ から $t'$ へと変化したとします。ただし，$t' > t$ とします。すると，図6.8（a）のように最適消費点が変化します。

　通勤費が高くなると，$x > 0$ となる立地点 $x$ では，予算制約式のグラフの切片が低くなりますので，そこから無差別曲線へ引いた折線の傾きは緩やかになり，付け値地代は低くなります。そのため，図6.8（b）のように，付け値地代のグラフは下方にシフトするのですが，$x = 0$ では予算制約式は変化しませんので，付け値地代のグラフも，$x = 0$ では変化しません。それでも，都市の端の位置 $\bar{x}$ は内側へと動き，都市面積は狭くなります。所得の場合と逆に，市場地代は低くなりますので，土地消費量 $q^*$ は多くなり，結果，狭い都市面積と合わせて，都市人口が減ることがわかります。この結果を通勤費の異なる都市間の違いと見なすと，通勤費の高い都市ほど，住宅は広く，都市面積は狭く，人口規模は小さいと考えられます。

## Column ❻-2　都心には住みたいけれど……

　ヒルズ族になりたい，と思うかどうかは人それぞれでしょうが，通勤や通学に便利な場所に住みたい，と思う人は多いでしょう。都市が大きくなるにつれて，こうした便利な場所に住むにはお金がかかるようになります。この章で見たように，都心近くになるほど，地代や地価，家賃や住宅価格が高くなり，都市人口とともにこうした傾向は顕著になるからです（所得上昇の効果のところを思い出してください）。その裏返しとして，郊外に住む人の通勤時間は長くなってしまいます。実際，長時間通勤は長年問題視されており，新聞やニュースでも取り上げられてきました（例えば 2017 年 11 月 4 日「日本経済新聞電子版」https://www.nikkei.com/article/DGXMZO23113460U7A101C1MM0000/, 2023 年 9 月 30 日最終確認）。

　しかし，こうした長時間通勤そのものが社会的に直接問題となるかどうかは必ずしも明らかではありません。通勤をどう評価するかは土地や住宅の価格に反映されていて，いわゆる社会厚生の損失が生じているとは限らないためです。しかし，こうした長時間通勤は第 11 章で扱う外部不経済を伴う混雑を生じさせますので，そこから厚生の損失が生じると考えられます。

朝の通勤ラッシュ（写真提供：AFP＝時事）

## ヘドニック・アプローチ

　これまで，土地の属性として，都市からの距離だけを取り上げて議論してきました。もちろん，これは地価や地代を決定する重要な要因ですが，土地の属性には他の要素も考えられます。例えば，コンビニに近いか，公園に近いか，

小学校や中学校に近いか，さらには，病院に近いか，などです。こうした土地のさまざまな属性がどのくらい人々に評価されているかを地価や地代のデータから識別する手法がヘドニック・アプローチです。この手法では，ある場所の地価や地代を，その場所の土地の属性がどれくらい説明できるかを，回帰分析という手法を用いて考察します。公園や学校への近さといった，見えないものの価値を測ることができるという点で興味深く，また，日本では地価のデータはよく整備されていて入手しやすいことから，分析も比較的容易に行えます。ただし，単一中心都市モデルで見たように，市場で観察される地価は，そこを最も高く評価する人の支払い意志額を反映していると考えられ，推定結果を解釈する際にはその点に注意が必要です。

**POINT**

> 付け値地代を用いて，都市内住宅市場の様子を分析できます。この枠組みは単一中心都市モデルと呼ばれており，それを用いると，都心に近いほど人口密度が高くなり，それが高い地代や地価，家賃や住宅価格を伴う様子を説明できます。

---

**EXERCISE ●練習問題**

① 自分に最寄りの鉄道沿線の家賃を調べて，都心からの時間に応じてどのように家賃が違うか見てみましょう。

② チューネンモデルにおいて，作物 1 の価格 $P_1$ が下がると，どのようなことが起きるでしょうか？

③ 単一中心都市モデルにおいて，都市の外の効用水準は $\bar{u}$ が高くなると，都市内の地代はどう影響を受けるでしょうか？

---

第 **7** 章

# 都市システムモデルと最適人口規模

### 住めば都か蟻地獄か？

　大都市は便利だし，仕事もあるけど，暮らしは大変，というのが多くの人が持つ都会暮らしのイメージではないでしょうか。実際に大都市に暮らす人がこれに同意するかどうかは人によると思いますが，こうしたイメージには往々にして一面の真実が含まれています。実際には人が集まることの功罪両面が複雑に絡み合って，結果として，都市が形成されていると考えるべきでしょう。では，形成された都市には問題はないのでしょうか？　集積の経済という良い面と集積の不経済という悪い面がある以上，そのバランスで全体として問題があるかないかは決まってきます。確かに，人口集中は集積の不経済という不利益をもたらしますが，だからといって，都市化が完全に否定されるべきではありません。それを上回る集積の経済の利益がある限りは都市化は推奨されるべきでしょう。重要なのは，都市が形成される上でどのようなメカニズムが働き，どこに落ち着くのか，そして，その落ち着き先での集積の経済と不経済とのバランスがどうなるのか，です。

　これまでの章で，人口移動の様子やそれを分析するための道具を勉強し，さらに，集積の経済や不経済，地価や地代の決定といった，人が限られた場所に集まるメカニズムやその影響について学んできました。この章では，これらの知識を合わせて，都市形成について分析してみましょう。

# 1 システムとしての都市

　まず，日本の都市の全体像を確認しておきましょう。第3章で見たように，日本国内では多くの人々が移動していますが，その結果として，大小さまざまな都市が形成されています。こうした都市の間の相互関係を分析する枠組みとして，都市をシステムとしてとらえる手法が用いられてきました。ここで，システムとは，一般的に，相互に関係しあうものや現象を，個別にではなく，相互関係も含めて全体的にとらえた場合の，その全体を指します。実証面では，国内の都市を人口規模の順に並べて，その順位と人口規模とを関連づける，いわゆる**順位-規模の法則**が有名です。この法則は，順位と人口規模の両方の自然対数をとると，その間に，ln（人口）＝定数－ln（順位）という関係が観察される，というものです。自然対数とは，ネイピア数と呼ばれる定数 $e$（≡2.71828...）を底とする対数で，$\log_e x$，$\log x$，$\ln x$ のように表記します。この対数は便利な性質を持っているため，いろんな場合に使用されるので，覚えておいてください。実際，2015年の国勢調査に基づいて設定された100個の日本の大都市雇用圏について，順位と人口規模の自然対数を散布図に表してみると，図7.1のようになります。

　図7.1では，横軸に ln（順位）を，縦軸に ln（都市圏人口）をとっています。この散布図を近似する直線を最小二乗法という手法で求めて，図に合わせて描いていますが，直線の傾き，つまり，ln（順位）の係数の推定値は－1にきわめて近い値になっています。この法則は，さまざまな時と場所で観察されていて，なぜこうした性質が成り立つのかについての研究も近年進んでいます。

　この図から，日本において，さまざまな規模の都市が成立し，一定の法則に従って分布していることが観察できます。こうした人口分布が観察される裏側で，人口移動が重要な役割を果たしてきました。実際，大都市ほど，女性が一生の間に何人の子供をもうけるかを表す指標である合計特殊出生率が低く，人口再生産の機能が弱いため，地方からの人口移動が大都市圏の人口維持に必要であることが，実証的にも理論的にも明らかになっています。こうした状況は

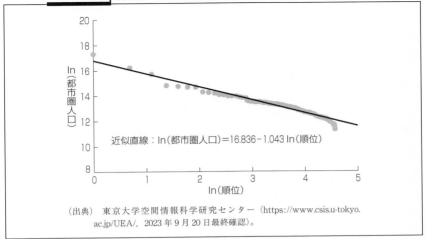

近似直線：ln（都市圏人口）＝16.836−1.043 ln（順位）

（出典）　東京大学空間情報科学研究センター（https://www.csis.u-tokyo.
ac.jp/UEA/，2023 年 9 月 20 日最終確認）。

現代だけでなく昔にも（より強い形で）成立していたようです。江戸時代にお
いても，一部の大都市には，農村から多くの若者が仕事や奉公のためにやって
来たのですが，そこで劣悪な衛生環境や人口過密による伝染病の蔓延などのた
めに，若くして亡くなることも多かったことが，歴史人口学の研究成果として
わかっています。この現象は，都市の高い死亡率と，それを補うかのような農
村からの人口流入を指して，「都市蟻地獄説」とも呼ばれています。

　集積の経済，不経済といった，人口集中の効果を考慮しながら，人口移動が
あるもとで，どのように都市規模が決まっていくのかを分析する基本的な枠組
みは，都市システムモデルと呼ばれています。この章では，都市システムモデ
ルを簡単に説明し，都市規模がどのように決まると考えられるのか，そして，
均衡における都市規模はどのような性質を持つのかを分析してみましょう。

**POINT**

　都市規模の分布には一定の経験則が観察されています。そこで，個々の都市だけ
でなく，その相互依存関係に注目してみましょう。

# 2 都市規模決定の基本モデル

## 集積の経済と不経済

　まず，都市規模決定の基本モデルとして，第3章の，人口移動の基本モデルを拡張しましょう。都市が一つと，それ以外の農村部からなる経済を想定します。総人口が $\overline{L}(>0)$ で一定であるとし，都市と農村間で自由に，費用なしで人口移動が可能であるとします。ここでは雇用の問題は考えず，人口と労働投入が等しくなり，都市，農村部両方で，賃金はそれぞれの場所における労働投入の限界生産物価値で与えられるとします。さらに，説明の簡単化のため，限界生産物と平均生産物が等しく，人口が一定であれば，限界生産物（そして，平均生産物）が一定であるとします。また，都市と農村部で生産される財が同じで，その財を価値基準財（その価格＝1）としておきます。こうした簡単化のための仮定がなくても同様の結果が得られることがわかっていますが，説明が煩雑になるため，これらの仮定をおいておきます。

**《都市規模と集積の経済》**　都市には集積の経済が働き，そこでの限界生産物 $w(L_U)$ が，都市人口とともに上昇するとしましょう。これは，限界生産物 $w$ が，都市人口 $L_U$ に依存していることを一般的に表現するための表記です。ただし，この依存関係は外部経済であるとしておきます。つまり，個々の経済主体は限界生産物が都市人口に依存していることを意識しないのですが，都市全体としては人口規模によって変化するわけです。これと，先ほどの，限界生産物が平均生産物に等しい，という仮定は，ある企業の労働投入量 $l$ に対して生産関数が $w(L_U)l$ のような形をしていることを示しています。企業は $L_U$，つまり，$w(L_U)$ を所与として行動しますので，この生産関数のもとでの限界生産物（そして，平均生産物）は $w(L_U)$ になります。賃金が限界生産物価値で決まり，生産物の価格が1ですので，$w(L_U)$ は都市の賃金を表します。これが，図7.2の下の図で描かれているように，なめらかなカーブで，都市人口 $L_U$ とともに上昇し，その上昇率は都市人口に対して鈍っていくような，逓減的な形

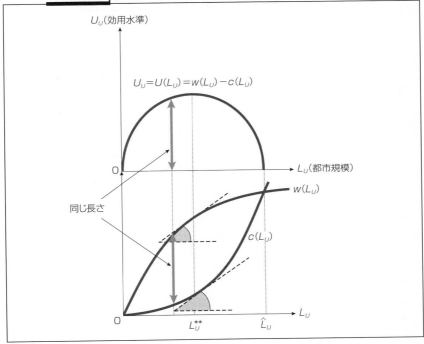

状をしているとしましょう。

　この $w(L_U)$ が具体的にどのような式になっているのかは特定化していません。どのような式でも，図7.2のようなグラフになるものであれば同じ結果になります。集積の経済の効果が実際にこのような形状で表現できるとは限りません。もっと強く，賃金の上昇率が都市人口に対して逓増的に働くかもしれませんし，都市が小さい間は逓増的で，都市が大きくなると逓減的になっているかもしれません。こうした可能性については，裏側にあるメカニズムをもう少し詳しく考慮しなければならず，集積の経済や不経済が具体的に何から生じているか，から出発する必要があります。こうした議論については，後の，第10章で紹介することにして，この章では，最も扱いやすく，基本的な場合である，図7.2のような場合に限って考察していきましょう。

**《都市規模と集積の不経済》**　また，都市では人口増加に伴って，集積の不経済が

発生し，$c(L_U)$ だけ都市住民に金銭的負担を生じさせるとしましょう。ここでも，集積の不経済による負担 $c$ が都市人口 $L_U$ に依存していることを一般的に表現しています。これも図 7.2 の下の図のように，都市人口 $L_U$ とともになめらかに上昇するとします。ただし，混雑などのダメージは，ある程度を境に急激に増すのが一般的ですので，それを反映して，ある程度までは比較的穏やかに上昇するものの，しだいにその上昇率が増していくように描いています。グラフがこの形状になるような式であれば，$c(L_U)$ としてどんな式を想定してもかまいません。ここでは，集積の不経済の主な要因としては，第 6 章で分析した通勤費や第 11 章で紹介する交通渋滞などの混雑による外部不経済などを想定しています。

　土地に対する支払いは都市住民に均等に分配される（第 6 章で触れた公的所有の場合です）としておきます。各々の都市住民が支払う地代を $R(L_U)$ と書くと，地代総額は $R(L_U)L_U$ で，これが住民に均等に分配されるのですから，分配額は $R(L_U)$ となり，地代に関しては支払いと分配額が相殺します。ここでも地代 $R$ が都市人口 $L_U$ に依存していることを一般的に表記するため $R(L_U)$ のように書いています。ここで，不在地主を想定すると，地代が誰のものになるのかを別立てで議論しなければならなくなり，複雑になりますので，公的所有を想定しています。

**《都市規模の決定》**　そして，都市住民の便益 $U_U$ がこれらの差で与えられる，すなわち，

$$U_U = U(L_U) = w(L_U) - c(L_U)$$

であるとします。ここで，便益，とは，ある状態になるために支払ってもよいと考える金額のことだと理解しておいてください。つまり，都市住民の便益，とは，都市に住むために支払ってもよいと考える金額のことです。この都市住民の便益は，図 7.2 の上の図で描かれているような形になります。$U(L_U)$ は，$w(L_U)$ と $c(L_U)$ の接線の傾きが等しくなるような人口規模 $L_U = L_U^{**}$ で最も高くなり，$L_U = 0$ と $L_U = \hat{L}_U$ で 0 になっています。

　一方，農村部では集積の経済も不経済も発生せず，便益は一定の賃金，すな

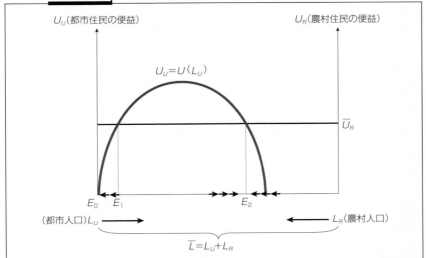

$U_U$（都市住民の便益）　　　　　　　　　$U_R$（農村住民の便益）

$U_U = U(L_U)$

$\overline{U}_R$

$E_0$　$E_1$　　　　　　　$E_2$

（都市人口）$L_U$ ⟶　　　　　　　　　⟵ $L_R$（農村人口）

$\overline{L} = L_U + L_R$

わち，一定の限界生産物価値 $\overline{U}_R$ で与えられるとします（都市と農村部で生産される物が異なり，人々がそれらの消費から効用を得ると考えても，同様の結果を得ることができます）。そして，人々の効用の水準が便益の水準で表現されるとし，人々は，都市に住んだ場合の便益 $U_U$ と農村部に住んだ場合の便益 $\overline{U}_R$ とを比較し，高い方に住むとしましょう。この場合に人口移動が生じなくなる状態，すなわち，均衡がどのように決まるかを，$U_U = U(L_U)$ と $U_R = \overline{U}_R$ とを一つの図に表すことで見ていきましょう。**図7.3**は，左の原点から都市人口 $L_U$ を，右の原点から農村人口 $L_R$ をとり，横軸の長さで一定の総人口 $\overline{L}(= L_U + L_R)$ を表した図に，これらを描いたものです。

　この場合，人口移動が生じない状態としては，二つの可能性があります。まず，都市と農村部，どちらに住んでも便益が等しい状態，つまり，

$$U(L_U) = \overline{U}_R$$

となる状態です。**図7.3**においては点 $E_1$ と $E_2$ です。次に，片方にすべての人口が集中し，その上で，そこでの便益がもう一方での便益よりも高くなっている状態です。**図7.3**では，点 $E_0$ がそれに該当します。点 $E_0$ では，全人口が農村部にいて，しかも農村部に住んだときの便益が都市に住んだときの便益より

高くなっていますので，農村部から都市へ移動する誘因は存在しません。したがって，この図では均衡は点 $E_0, E_1, E_2$ の三つがあります。

**《均衡の安定性》** 均衡は三つあるわけですが，これらは少々異なる性質を持っています。それを見るために，あるショックが加わって，均衡からほんの少し乖離が生じたらどうなるのかを考えてみましょう。人々は便益が高い方に移動しますので，点 $E_0$ と $E_1$ の間では，都市から農村部へ，点 $E_1$ と $E_2$ の間では農村部から都市へ，そして，点 $E_2$ の右側では都市から農村部へと人口移動が生じます。つまり，図の矢印の方向へと人口分布は変化していきます。すると，点 $E_0$ と $E_2$ では，均衡から乖離が生じても，もとに戻るような変化が期待できるわけですが，点 $E_1$ では，乖離はどんどん大きくなってしまいます。この意味で，点 $E_1$ は不安定なのです。そこで，点 $E_0$ と $E_2$ は**安定均衡**，点 $E_1$ は**不安定均衡**と呼ばれます。不安定均衡はちょっとでもショックが加われば崩れてしまいますので，以下では安定均衡，特に，都市が存在する安定均衡である点 $E_2$ に注目することにします。

## 安定均衡の効率性

では，こうした安定均衡点 $E_2$ はどのような特徴を持っているのでしょうか？ ここで，限界生産物と平均生産物が等しい場合を想定していることを思い出してください。このことから，都市住民の便益の総和は $U(L_U)L_U$，農村住民の便益の総和は $\overline{U}_R L_R$ になることがわかります（第3章での議論では，限界生産物価値が地域人口に伴い減少していました。このような場合，限界生産物と平均生産物とは異なっているわけですが，便益の総和を求めるためには，限界生産物価値の総和，つまり，限界生産物価値の曲線の下側の面積から混雑による金銭的負担の総和を引く必要があります。これは図の上で示すのが難しいため，ここでは図示しやすいように，限界生産物と平均生産物について簡単化のための仮定をおきました）。そして，安定均衡においては $U(L_U) = \overline{U}_R$ になっていることから，経済全体の便益の総和は，$\overline{U}_R(L_U + L_R) = \overline{U}_R \overline{L}$ となります。これを図示すると，**図7.4**における薄い影をつけた長方形の面積，つまり，$\overline{U}_R$ と縦軸，横軸で囲まれた長方形の面積で表されます。

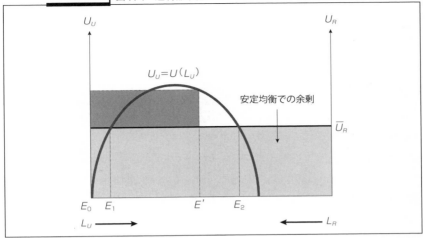

　ここで、もし、都市人口が少し減って、人口分布が点 $E'$ になったとしましょう。すると、各都市住民の便益は $\overline{U}_R$ より高くなり、その結果、都市住民の便益の総和が図7.4の濃い影をつけた長方形の面積だけ増加します。各農村住民の便益は変わりませんので、この分だけ経済全体の便益の総和も増えることになります。言い換えれば、安定均衡点 $E_2$ においては、都市人口が多すぎて、便益のロスが生じているわけです。このように、自由な人口移動のもとでは、**過剰都市化**が生じてしまいます。

　こうした過剰都市化に関係する話題の一つが、東京一極集中の是正と首都機能移転の議論です。もし東京が過剰都市化していると判断できるのであれば、首都機能移転に賛成する意見の根拠となるでしょう。実際の東京のデータを用いた検証も行われていますが、経済活動の観点からは、まだ東京が過大であるとはいいきれないようです（ただし、巨大地震に備えてリスク分散をはかる、という観点からは、地震の起きる確率の低い場所への首都機能移転は支持されると考えられます）。

POINT

　集積の経済と不経済とのバランスで都市規模は決定されます。両者を勘案した便益が都市間で等しくなるのが均衡で、それがショックに対して頑健である場合を安定均衡と呼びます。

# 3 都市システムモデル

## 複数の都市の規模決定

　人口移動が自由な場合に都市規模が過大になるという結果は都市が複数あっても成立します。農村部と複数の都市がある場合は先ほどとまったく同様に議論することができますので，複数の都市のみからなる経済を考えてみましょう。すなわち，すべての人がどこかの都市に住んでいる状態です。このような，複数の都市の規模決定を同時に扱うモデルを，**都市システムモデル**と呼びます。

**《都市規模の決定》**　簡単化のため，すべての都市が同じ構造であるとします。すると，均衡で存在する都市ではどこに住んでも同じ便益が得られなければなりません。この場合，安定均衡は，たかだか一つの例外を除いて，すべての都市が同じ規模になり，しかも，人口増加に対して便益が減少する状態で与えられます。例えば，図 7.5 における，$L^{**}$ と $\widehat{L}$ の間の都市規模であれば，どの規模でも安定均衡になりえます。

　例えば，都市数が $m_a$ で，$L_a \equiv \overline{L}/m_a$ とおいたとき，$L_a$ が図 7.5 のような規模であったとしましょう。すべての都市の規模が $L_a$ で，便益が $U_a$ である状態になっています。この状態では，すべての都市で便益が等しいわけですから，もちろん均衡になっています。では，ここに，何かショックが加わり，ある都市から別の都市に少しだけ人口移動が生じたらどうなるでしょうか？ 移動元の都市では人口が $L_a$ より減るわけですから，都市住民の便益は $U_a$ より高くなります。移動先の都市では人口が $L_a$ より増えますので，都市住民の便益は $U_a$ より低くなります。人々は便益の低い都市から高い都市へと移動しますので，ショックによる移動とは逆方向に移動が生じます。つまり，ショックを打ち消すように移動が生じるわけですから，元の状態は安定均衡なのです。

　もちろん，都市規模が $L^{**}$ より小さい，つまり，図 7.5 の $L^{**}$ より左側では安定均衡になりません。これは，ショックにより人口移動が生じると，人口が増えたところで便益が高くなり，さらにそこへの人口流入を促してしまうため

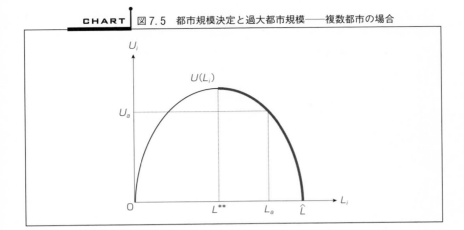

です。

**《最適都市規模》** この場合，経済全体の便益の総和は，

$$m_a U(L_i) L_i = U(L_i) \overline{L}$$

で与えられますので，これが最も大きくなるのは，それぞれの都市における住民の便益 $U(L_i)$ が最も高くなるときです。図7.5では都市規模が $L^{**}$ になるときに $U(L_i)$ は最も高くなります。図からわかるように，$L^{**}$ は $U(L_i)$ のグラフの山のてっぺんになるような都市規模です。山のてっぺんはどのように特徴付けられるでしょうか？ この山のてっぺんでは，都市規模，つまり，$L_i$ がほんの少しだけ大きくなっても $U(L_i)$ はほとんど変化しません。$U(L_i) = w(L_i) - c(L_i)$ でしたので，言い換えると，$w(L_i)$ の変化分と $c(L_i)$ の変化分がちょうど釣りあっている状態なわけです。都市規模が大きくなると，集積の経済の効果 $w(L_i)$ も集積の不経済の効果 $c(L_i)$ も上昇します。もし $w(L_i)$ の上昇幅の方が $c(L_i)$ の上昇幅より大きければ，都市規模が大きくなった方が $U(L_i)$ が高くなりますので，そのような状態は山のてっぺんではありません。逆に，もし $c(L_i)$ の上昇幅の方が $w(L_i)$ の上昇幅より大きければ，都市規模が小さくなった方が $U(L_i)$ が高くなりますので，そのような状態も山のてっぺんではありません。山のてっぺんであるためには，両者の上昇幅が等しくなっていなければならない，というのが，この条件の意味です。

《均衡都市規模の非効率性》　もちろん，たまたま安定均衡が $L^{**}$ と一致すれば望ましい都市規模が達成されます。しかし，$L^{**}$ と $\hat{L}$ の間の都市規模であれば，どの規模でも安定均衡になりうるわけですから，それはほとんどありえないことで，一般に，都市規模は過大になると考えられます。こうした過大都市が生じるのは，集積の経済や不経済が外部性であり，住民は，自分が都市に移り住むことによって生じる影響を意識していないためです。ある人にとって自分が今住んでいるところより都市 $i$ の方が便益が高く，そこの便益が $U(L_i)$ だとしましょう。その人が都市 $i$ に移り住むとき，その人は自分の享受できる便益が $U(L_i)$ になることは考えていますが，それにより $L_i$ が増えて $U(L_i)$ が変化してしまうことは意識しません。安定均衡では $U(L_i)$ は人口増加に対して減少しますので，この外部性は外部不経済になり，都市規模が過大になってしまうのです。ただし，都市を管轄する政府やディベロッパーが都市規模を完全にコントロールできる場合には，都市規模は最適になる可能性があります。それを次に確認してみましょう。

## ┃ ディベロッパーによる都市開発 ┃

　これまで，都市規模をコントロールする主体がいなければ，都市規模は $L^{**}$ より大きくなりがちであることを示してきました。しかし，実際には，宅地の開発は政府や土地の開発を行う，いわゆるディベロッパーによって行われることがほとんどです。こうした主体を考慮すると，都市規模はどのようになると考えられるでしょうか？　ここでは，可能な限り簡単な形で，ディベロッパーによる都市開発をモデル化した研究成果について説明してみましょう。

《ディベロッパーの行動》　土地はディベロッパーによって開発されなければ宅地として利用できない，とします。また，宅地以外の利用から発生する地代が 0 であるとしましょう。これは一定であればいくらでもかまわないのですが，表記を簡単にするために 0 としておきます。そして，ディベロッパーが，都市住民から宅地利用の地代を受け取り，開発をした上で土地（サービス）を供給するとします。図 7.6 はディベロッパーの役割のイメージです。

　土地の供給にあたり，ディベロッパーは，宅地（サービス）価格の割り引き

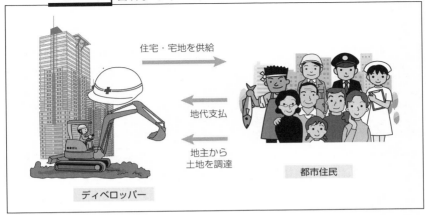

住宅・宅地を供給

地代支払

地主から
土地を調達

都市住民

ディベロッパー

や充実したインフラの整備を通じて都市規模をコントロールすると考えます。ここでは，単純に，都市住民一人当りに対して $s_i$ だけ補助金を出す，もしくは料金を徴収するとしておきます。これは，開発する土地の量（住宅戸数）を調節して，人口を直接コントロールする，としても同様の結果になります。

《住民の便益》 ディベロッパーの利潤は全住民に均等に分配されるとします。すると，住民の便益は，

$$U_i = U(L_i) = w(L_i) - c(L_i) - R(L_i) + s_i + \theta$$

になります。$\theta$ はディベロッパー利潤の分配額で，全都市で共通です。ディベロッパーが稼ぐ利潤も当然社会の誰かに分配されています。多くの場合，ディベロッパーは株式会社ですので，利潤は内部留保と社外への流出分（役員への賞与や税金，株主への配当）に分けられることになります。これらを細かく記述してもよいのですが，議論が複雑になりますので，ここでは，「とりあえず社会の誰かのものになる」と考えて，全員等しくその分け前にありつく，としておきます。この等しい分け前が $\theta$ です。こうすることで，誰にどう利潤を分けるかという問題を棚上げして，ディベロッパーの宅地の供給行動だけに焦点をしぼるわけです。

住民の便益を考える上で，これまで考えてきた便益 $w(L_i) - c(L_i)$ からディ

ベロッパーへの支払い $R(L_i)$ を引き，それに加えて，ディベロッパーからの補助金 $s_i$ と利潤からの分配 $\theta$ を加えています。この背後で，住民は，宅地としては未開発の土地を一単位地主として所有し，一単位の開発された土地（サービス）を消費するとしています。地主としての収入は，表記の簡単化の仮定から0になっています。

**《ディベロッパーの（隠れた）役割》** ここで挙げているディベロッパーは，別に都市住民のためを思って行動しているわけではありません。不動産開発を行うのも，そこから収入を得て，企業として活動していこうとしてのことです。しかし，利潤を目的としたものであったとしても，こうした宅地開発を行うディベロッパーの行動が一定の条件を満たせば，先ほど見た最適な都市規模が達成される，ということが知られています。その条件とは，①利潤最大化を目的としたディベロッパーが，人々の移動を意識しながら都市規模を決めている，そして，②潜在的にたくさんのディベロッパーがいて，参入や退出が自由な環境のもとで競争している，というものです。この二つの条件の意味を順番に説明して，その結果，最適都市規模が達成される様子を見てみましょう。より正確な説明はウェブサポートページの補論を見てください。

　まず，①の，人々の移動を意識しながら都市規模を決めている，という条件ですが，このとき，各ディベロッパーは，自分が開発する都市以外の都市を左右できる立場にはないことに注意してください。すると，ディベロッパーは，他の都市住民の便益 $\overline{U}$ を与えられたものとして，自分の都市に人を引きつけるために，そこに住む便益が $\overline{U}$ に劣らないことを担保する必要がある，ということになります。少し煩雑になりますが，この条件を式の形で表現してみます。この $\overline{U}$ から全都市で共通の部分 $\theta$ を除いた $\overline{U}-\theta$ を $\overline{V}$ と書くと，ディベロッパーが他の都市住民の便益 $\overline{U}$ を与えられたものとした上で人を引きつけることを考慮するということは，ディベロッパーが $U_i = \overline{V} + \theta$ を満たすように補助金額 $s_i$ を決める，ということを指しています。これを書き直すと，

$$s_i = \overline{V} - w(L_i) + c(L_i) + R(L_i) \tag{1}$$

となります。この補助金は，もう少し複雑な設定を使うことができれば，例え

ば，都市生活に必要な設備を供給するといったインフラストラクチャーの整備
として定式化することも可能です。要は，開発した都市に住むことを魅力的に
するための支出だと考えてください。

　ディベロッパーの利潤は開発した土地の地代収入 $R(L_i)L_i$ から補助金支出
$s_iL_i$ を引いたもの，つまり，$(R(L_i)-s_i)L_i$ です。ここで，ディベロッパーはこ
の利潤を最も大きくするような都市規模 $L_i$ を選びたいわけですが，その際，
$L_i$ 人を引きつけるのに必要な補助金の額が式（1）で表されています。これを
利潤の式の $s_i$ に代入して整理すると，

$$利潤 = (R(L_i)-s_i)L_i = (w(L_i)-c(L_i)-\overline{V})L_i$$

と書くことができます。ディベロッパーは，この利潤が最も大きくなるように
都市規模 $L_i$ を選び，その $L_i$ が決まると，式（1）によって補助金の額 $s_i$ が決
まります。利潤の式をよく見ると，利潤は，都市住民を一人確保することから
得られる利潤 $R(L_i)-s_i$ と，都市住民数 $L_i$ をかけたものになっていますので，
都市規模を少し大きくしたときの利潤の変化は，

$$「R(L_i)-s_i」の変化分 \times L_i + (R(L_i)-s_i) \times 「L_i」の変化分$$

で表されることになります。ここで，②の条件が重要になってきます。潜在的
にはディベロッパーがたくさんいて，参入や退出が自由ということは，その参
入圧力により（超過）利潤がゼロになっていることを意味します。これは，
$(R(L_i)-s_i)L_i=0$，すなわち，$L_i>0$ である限りは $R(L_i)-s_i=0$ であることを
意味します。すると，このとき，都市規模を少し大きくしたときの利潤の変化
は，

$$「R(L_i)-s_i」の変化分 \times L_i$$

だけで表されることになります。$R(L_i)-s_i=w(L_i)-c(L_i)-\overline{V}$ で，各ディベ
ロッパーは $\overline{V}$ を所与として考えますので，ディベロッパーにとって $R(L_i)-s_i$
の変化は $w(L_i)-c(L_i)$ の変化と等しくなります。これは，都市住民の便益
$U(L_i)$ の変化と一致します。条件①と②のもとでは，都市規模が変化したと
きに，ディベロッパーが認識する利潤の変化が，都市住民の便益の変化に $L_i$

**Column ❼-1　ニュータウン「彩都」**

　街を開発するディベロッパーという存在はあまりなじみがないかもしれません。この章で説明しているような，単体のディベロッパーが都市をまるごと開発してしまうようなことは現在の日本ではまず見かけませんが，昔はディベロッパーによる大規模な都市開発が行われました。例えば，関東の東急電鉄や関西の阪急電鉄などは，鉄道というインフラ整備から宅地開発まで街をまるごと造ってきました。現在でも，複数の事業体が共同で行う場合は，かなり大規模な開発が行われることがあります。2000 年代にも，大阪府でニュータウン「彩都」が開発されましたが，これは都市再生機構が造成した土地に阪急不動産などが住宅を供給したそうです。このニュータウンは，2004 年に街開きし当初は順調に開発が進みましたが，東部地区の住宅開発が見込めなくなり，計画されていたモノレールの延伸も一部断念されたそうです（2017 年 1 月 27 日『産経新聞オンライン版・産経WEST』，https://www.sankei.com/article/20170127-S43SWBYIN5M5VC7STYQLHV7JOE/，2023 年 9 月 20 日最終確認）。

彩都へ向かう大阪モノレール

　この章で説明している状況は，現在日本における開発よりはるかに単純ですが，その延長線上に現在の姿がある，と思いながら読んでください。

をかけたものになる，つまり，変化の方向が同じになるのです。そのため，利潤最大化の結果選ばれる都市規模が，都市住民の便益を最も高くする都市規模 $L^{**}$ と一致することになります。

　ここで重要なのが，ディベロッパーは，住民の移動を意識しながら利潤を最大にしている，という点です。住民の移動を意識しているという点が式（1）で表現され，それを利潤 $(R(L_i) - s_i)L_i$ に代入すると $(w(L_i) - c(L_i) - \overline{V})L_i$ となることからわかるように，これは，都市全体の集積の経済と集積の不経済をディベロッパーが意識していることを示しています。ディベロッパーがいないときに，都市規模が過大になる理由が，住民がこうした外部性を意識しない

ためでしたので，このことは，ディベロッパーが外部性を意識して行動している，つまり，外部性を内部化している，といえます。そのため，ディベロッパーが自由に行動する，つまり，利潤を最大にするように土地開発をして，自由に参入・退出をしている状態では，外部性が内部化され，最適な都市規模が達成されるのです。

このように，ディベロッパーが利潤最大化を行っているとか，参入圧力が十分に働いている，などの条件は必要なのですが，ディベロッパーによるコントロールがあれば，最適都市規模が達成される可能性があることが知られています。また，地方自治体が土地開発を行う場合にも，同様の結果が得られることがわかっています。

## ┃ 最適都市規模とヘンリー・ジョージ定理 ┃

最後に，最適都市規模が達成されるために必要な条件に関わる有名な定理をもう一つ紹介しておきます。先ほどの議論では，ディベロッパーは補助金を利用して都市住民の数をコントロールしていましたが，この補助金はいわば集積の外部性に対するピグー補助金になっています（ピグー補助金については，公共経済学の教科書に詳しい説明があります）。最適都市規模が達成されるために必要な条件の一つとして，ディベロッパーが自由に参入・退出ができるために（超過）利潤がゼロになる，つまり，$(R(L_i) - s_i)L_i = 0$ となることがありましたが，この条件は，地代総額 $R(L_i)L_i$ が補助金総額 $s_iL_i$ に等しくなっていることを示しています（より正確には，ここでの地代総額は，$R(L_i)$ と宅地以外の目的に利用した場合の地代との差である差額地代の総額なのですが，ここでは宅地以外の目的に利用した場合の地代を 0 としていますので，両者が一致しています）。この条件を言い換えると，最適都市規模が成立していれば，「都市規模に関わる外部性に対するピグー補助金の総額が，都市の（差額）地代の総額に等しくなっている」わけです。この結果はヘンリー・ジョージ定理と呼ばれています。この定理は，地方公共財供給を扱う第 12 章にも登場しますが，そこでも同様の結果が成り立ちます。そこでは，地方公共財支出が（差額）地代総額に等しくなることが人口規模が最適になるための条件になるのですが，ここでの結果と比較すると，集積の経済がいわば公共財の役割を果たしており，それに見合った補助金総額

**Column 7-2　都市システムモデルと人口移動**

　ここで説明した都市システムモデルで，都市によって中心となる産業が異なり，そのために集積の経済の強さが違う可能性を考慮すると，安定均衡でさまざまな人口規模の都市が成立することを示すことができます。しかし，ここで考えている安定均衡においては，実は人口移動が発生していません。これは第3章の人口移動のところで考えたモデルの均衡でも同様です。実際には農村部や都市部へ，そして，小都市から大都市への人口移動が数十年も続いている実情と，これらのモデルの描く均衡とは果たして整合的なのでしょうか？　それとも，もうしばらくすると，実際にも人口移動はなくなるのでしょうか？

　近年の研究で，この本で紹介したモデルに，人口の自然増減という要素を導入すると，両者の乖離を埋めることができることが明らかになりました。日本では，大都市ほど出生率が低いことがわかっています。この要素を都市システムのモデルに導入すると，多数の小さな都市で産まれた人々が，大きくなって（大学進学や就職を機に）大都市に移動する，という状態が長期間続く（こうした長期間続く状態のことを定常状態と呼びます）ことを示すことができます。

が（差額）地代総額に等しくなることが都市規模が最適になるための条件になっているのです。

**POINT**

　　ディベロッパーが存在しないと，安定均衡での都市規模は過大になります。ディベロッパーによる計画的な都市開発は，過剰な都市化を抑えてくれる可能性があります。

**EXERCISE ●練習問題**

①　自分の住んでいる地域は第2節と第3節，どちらの状況に近いでしょうか？　考えてみてください。

②　第2節の設定の中で，集積の不経済が存在しなければ，安定均衡はどのようになるでしょうか？

③　第3節の結果は，ディベロッパーが補助金を出すのではなく，都市人口を直接コントロールできるとしても成り立ちます。確認してみてください。

第**8**章

# 地域間交易

## 手分けすることの利点は？

　デパートやスーパーに行ってみると，全国各地から運ばれてきた商品を見ることができます。新潟県魚沼産のこしひかりや北海道のジャガイモなどの食料品から，福井県鯖江の眼鏡フレームまで，実にさまざまです。特定の場所の物産展などでは，どこから来た商品なのかを意識して買い物をしますが，そのように意識しない商品も，全国各地から届いています。自分の住んでいる地域で作られたものだけを消費して生活することは不可能だといえます。このことは何を意味するのでしょうか？　作ったものをよそに運ぶためには，当然輸送費用がかかります。これを負担してまで全国各地にものを行き来させる，つまり，交易を行うことにどのような利点があるのでしょうか？　この章では，交易はなぜ行われるのか，そして，交易が行われると社会にどのような影響が及ぶのか，を考察してみましょう。

# 1 産業間交易と産業内交易

　なぜ地域間で交易が行われるのでしょうか？　その根本的な理由は貿易が行われる理由と同じようなもので，それぞれの地域が財を生産して交換することによって互いに利益を得ていることにあります。ここで，交換のあり方として，

**Column ❽-1　チラシから見る地域間交易**

　　新聞の朝刊と一緒に配られるチラシを眺めるのは意外に楽しいものです。お買い得品をチェックしたり，新商品をチェックしたりするのに便利です。チラシを便利に使っている人は多いようで，最近ではネット上で近所のスーパーのチラシを見ることができるチラシサイトがあり，スマートフォン用のチラシアプリも利用できます。こうしたチラシを見ると，特に生鮮食品には，産地も記載されていることが多くあります。

　　そう意識して眺めると，一つのスーパーに，いかに多くの場所で生産されたものが集まっているのかが一目瞭然です。交易とか貿易という言葉にしてしまうと，一気に自分の生活とはかけ離れた話題に感じてしまいますが，スーパーに並んでいる商品を思い浮かべてもらえれば，交易や貿易がどのように私たちの生活を支えてくれているのか実感できるのではないでしょうか。

二つに分けて考えることができます。例えば，第1章で見たように，いわゆる地方は第一次産業の移出元に，都市部は第三次産業の移出元になっています。このように，場所によって移出している財が異なる産業に属するものである場合を，**産業間交易**と呼びます。

　さらに注意深く観察すると，同じ産業で生産されているものが交易されている場合も見受けられます。例えば，大型スーパーのラーメン売り場に行ってみると，全国のラーメンが入手可能です。このことは，一方で北海道から九州へ札幌ラーメンや旭川ラーメンが移出され，もう一方で九州から北海道へ豚骨ラーメンが移出されていることを意味します。これらのラーメンは，同じ産業の

製品でありながら，双方向に移出されています。このような場合を，**産業内交易**と呼びます。

　産業間交易は，それぞれの地域が抱えている産業が異なる場合に行われる交易ですので，それをもたらす要因としては，地域ごとに保有する技術や生産要素が異なることなどが考えられます。これに対して，産業内交易は，同じ産業を抱える地域の間で行われる交易です。したがって，それらの地域が抱える技術や生産要素は似通っており，産業間交易と同じような要因を想定することはできません。産業間交易と産業内交易には異なる説明が求められるのです。そこで，この章では，それぞれのタイプの交易がどうして行われるのか，その理由として伝統的に考えられてきたものを説明します。

POINT

> 地域間の交易は，産業間交易と産業内交易に分類されます。

# 2 比較優位と産業間交易

## 比較優位

　産業間交易を説明する上で最も重要な考え方が，**比較優位**というものです。これは，産業間の生産費が地域によって異なる場合に，相対的に生産費の安い産業に特化して交易を行う誘因があることを示すものです。なぜ生産費が地域によって異なるか，についてはいくつか要因が考えられています。まず，最も単純に，それぞれの地域が異なる技術を持つために生産費が異なる状況を想定してみましょう。こうした場合の比較優位を，**リカードの比較優位**と呼びます。

**《生産構造》**　議論を単純にするために，ここでは，地域1と地域2の二地域，農業部門（部門A）と製造業部門（部門B）の二部門を想定しましょう。両部門の財は労働のみで生産でき，地域の総労働者数は同じで一定，労働者は一単位の労働力を持ち，必ずそれをすべて供給するとします。また，労働者は，同一地域内の産業の間は移動できるが，地域間移動はできないとします。実際には，

今自分の働いている産業と違う産業で仕事を見つけるのは簡単ではないことも多いのですが，比較的単純な仕事であればこうした移動も可能でしょう。生産技術は，両地域，両部門において収穫一定，つまり，雇う労働者数を二倍にすると産出量も二倍になるような技術であるとします。しかし，地域によって生産技術が異なっているとします。具体的には，一単位の農業財を生産するのに，地域1では$a_1$単位の労働力が，地域2では$a_2$単位の労働力が必要であるとします。また，製造業部門で一単位の財を生産するのに，地域1では$b_1$単位の労働力が，地域2では$b_2$単位の労働力が必要であるとします。

**《絶対優位と比較優位》**　ここで，地域1の技術は地域2の技術より水準が高く，両部門において生産性が高い（一単位生産するのに必要な労働力が少ない）と仮定しましょう。ここでの技術は少し広い意味でとらえてください。例えば，農業であれば，稲作に適した土地がある，といったことであったり，酒造業であれば，それに適した水があるといったことまで含みます。要は，同じ人を同じ数だけ雇って，生産できる量が異なっている，という意味です。先ほどの，一単位生産するのに必要な労働力で表現すると，$a_1 < a_2$かつ$b_1 < b_2$ということになります。これを，地域1は，地域2に対して，農業，製造業の両方の部門で**絶対優位**を持つといいます。

さらに，

$$\frac{a_1}{b_1} > \frac{a_2}{b_2}$$

を仮定します。これは，次のことを意味します。地域1において農業財の生産量を一単位増やそうとすると，農業部門に$a_1$単位の労働力を製造業部門から移さなければなりません。言い換えると，製造業部門の生産量を$a_1/b_1$単位減少させなくてはならないのです。したがって，地域1における農業財を一単位生産することの機会費用は，製造業部門の財$a_1/b_1$単位であることがわかります。地域2についても同様に考えると，農業財を一単位生産することの機会費用は，製造業部門の財$a_2/b_2$単位だということになります。$a_1/b_1 > a_2/b_2$を仮定していますので，農業財を一単位生産することの機会費用は，地域2の方が地域1より低くなっています。このことは，裏返せば，$b_2/a_2 > b_1/a_1$，つまり，

製造業部門の財を一単位生産することの機会費用が，地域1の方が地域2より低いことを意味します。このように，相対的な生産費用が地域によって異なる場合に，それぞれの地域は，相対的に安く生産できる財の生産に比較優位を持つといいます。この例では，地域2は農業財の生産に，地域1は製造業部門の財の生産に比較優位を持っているのです。

**《閉鎖経済》** 比較優位があるとき，交易はどのような帰結を招くでしょうか。まず，閉鎖経済，つまり，両地域が交易を行っていない状態から考えましょう。今，地域 $i$（$=1, 2$）には労働者が $L_i$ 人，つまり，労働力が $L_i$ 単位存在するとします。農業部門での労働力投入量を $L_i^A$，製造業部門での労働力投入量を $L_i^M$ とおいておきます。ここでは，財市場だけでなく，労働市場も含めて，すべての市場が完全競争的であると仮定します。すると，完全雇用が達成されるように賃金が調整されるため，

$$L_i^A + L_i^M = L_i$$

が成り立ちます。農業部門の生産量を $y_i^A$，製造業部門の生産量を $y_i^M$ とおくと，農業財一単位の生産に $a_i$ 単位の労働力が，製造業部門の財一単位の生産に $b_i$ 単位の労働力が必要であると仮定していましたので，$L_i^A = a_i y_i^A$ かつ $L_i^M = b_i y_i^M$ となり，

$$a_i y_i^A + b_i y_i^M = L_i \tag{1}$$

が得られます。式（1）は，生産量 $y_i^A$ と $y_i^M$ が満たさなければならない条件です。ここで，農業財，製造業部門の財の国 $i$ における価格を $p_i^A, p_i^M$，国 $i$ における労働者の賃金を $w_i$ と書くと，生産された財の価格が限界費用に等しくなるというミクロ経済学の結果から，次の関係が成立します。

$$p_i^A = a_i w_i, \quad p_i^M = b_i w_i, \quad \frac{p_i^A}{p_i^M} = \frac{a_i}{b_i}$$

ここで，農業財一単位の生産に $a_i$ 単位の労働力が，製造業部門の財一単位の生産に $b_i$ 単位の労働力が必要であると仮定していましたので，それぞれの財を追加一単位生産する費用，つまり，限界費用はそれぞれ $a_i w_i$, $b_i w_i$ です。

すると，$a_1/b_1 > a_2/b_2$ を仮定していたので，

$$\frac{p_1^A}{p_1^M} > \frac{p_2^A}{p_2^M}$$

が成立することがわかります。つまり，農業財と製造業部門の財の相対価格は，農業財の生産に比較優位を持つ地域2の方が低くなるのです。

**《交易の効果》** ここで，地域1と地域2が次のように生産量を変化させた上で交易を行うとしましょう。地域1が農業財の生産を $1 + b_1/a_1$ 単位あきらめて，その生産に使われていた $a_1 + b_1$ 単位の労働力を製造業部門に回すとします。すると，地域1の製造業部門の生産量は $1 + a_1/b_1$ 単位だけ増えます。次に，地域2が製造業部門の生産量を $1 + a_2/b_2$ 単位だけ減らし，その生産に使われていた $a_2 + b_2$ 単位の労働力を農業財の生産に使うと，農業財の生産量は $1 + b_2/a_2$ 単位増えることになります。このとき，地域1で生産された製造業部門の財 $1 + a_1/b_1$ 単位と地域2で生産された農業財 $1 + b_2/a_2$ 単位を交換するような交易を考えてみましょう。すると，地域1で消費可能な財の量は，製造業部門の財については変化せず，農業財については $1 + b_1/a_1$ 単位減って $1 + b_2/a_2$ 単位増えますので，差し引きで $b_2/a_2 - b_1/a_1$ 単位増えます。一方，地域2で消費可能な財の量は，農業財については変化せず，製造業部門の財については $1 + a_2/b_2$ 単位減って $1 + a_1/b_1$ 単位増えますので，差し引きで $a_1/b_1 - a_2/b_2$ 単位だけ増えます。つまり，両地域ともに消費可能な財の量を増やすことができるのです。

　この交易の背後では，地域1は製造業部門の財の生産を，地域2は農業財の生産を増やしています。つまり，比較優位を持つ財の生産に**特化**しています。この特化が極端な形で生じて，一つの地域がある特定の財のみを生産するようになることを**完全特化**と呼びます。このように，比較優位を持つ財の生産に特化した上で交易を行うことで，両地域がともに消費可能な財を増やすことが可能になります。消費可能な財が増えると，消費者の効用が上がるでしょうから，交易によって両地域の人々に利益がもたらされるわけです。実際，需要構造がある条件を満たす場合には，市場均衡において，交易が比較優位を持つ財の生産への特化を生じさせ，両地域の人々の効用を高めることを示すことができま

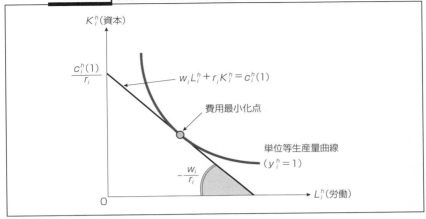

す。このように，比較優位があると，交易を行う誘因が生じるのです。

## 資源の賦存量と比較優位

　リカードの比較優位では，技術水準が異なることを想定しました。しかし，二地域で技術がまったく同じでも，そこに存在している資源の量（これを生産要素の賦存量と呼びます）が違えば，比較優位が生じることが知られています。このことを単純化して説明してみましょう。先ほどの二地域モデルにおいて，二地域の生産技術が同じであるとしましょう。ただし，生産を行うのに，労働だけでなく，資本も必要であるとします。また，生産技術がミクロ経済学で出てくる生産関数で表され，それが一次同次であるとします。これは，生産要素投入量をすべて$\lambda$倍すると，すなわち，ここでは労働と資本の投入量を$\lambda$倍すると，生産量も$\lambda$倍になる，という仮定で，ミクロ経済学でよく用いられます。

《等生産量曲線と生産費》　横軸に労働投入量$L_i^h$を，縦軸に資本投入量$K_i^h$をとり，一定の生産量を生み出すのに必要な$L_i^h$と$K_i^h$の組み合わせを描いたグラフを等生産量曲線と呼びますが，図8.1にはこの生産量が1のケースである単位等生産量曲線を描いています。単位等生産量曲線が右下がりなのは，資本投入量が減ったとしたら生産量を一定に保つためには労働投入量を増やす必要が

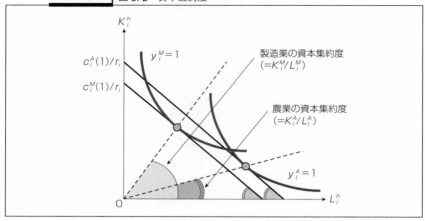

製造業の資本集約度
$(=K_i^M/L_i^M)$

農業の資本集約度
$(=K_i^A/L_i^A)$

$K_i^h$

$c_i^A(1)/r_i$

$c_i^M(1)/r_i$

$y_i^M=1$

$y_i^A=1$

$L_i^h$

0

あるためです。

ここでもすべての市場は完全競争的であるとします。企業の利潤最大化は，生産のための費用が最も安くなるように生産要素投入量を決めている，つまり，費用最小化を行っていることを含んでいますので，生産量に対応する形で，最小化された費用を考えることができます。これは費用関数と呼ばれています。この費用関数を $c_i^h(y^h)$ のように，生産量 $y^h$ との対応関係を明示的に書いておきます。すると，$c_i^h(1)$ は，財 $h$ を一単位作るのに最低限必要な費用となるわけですが，生産関数が一次同次であるとき，費用関数が $c_i^h(y^h)=y^h c_i^h(1)$ のような性質を持つ，つまり，ある生産量を達成するような費用の構造は，一単位作るのに必要な費用構造で表現でき，それを生産量の分だけ倍にすればよいことが知られています。こうした場合，費用を考察する上で必要な情報は $c_i^h(1)$ に集約されていますので，これを詳しく見ればよいわけです。$c_i^h(1)$ は，図8.1のように，等生産量曲線の接線の傾きが $-w_i/r_i$ になる点で達成されます。このとき，この接線は $w_i L^h+r_i K_i^h=c_i^h(1)$ という直線になっていますので，かかる費用の水準は，ある資本価格 $r_i$ のもとで，接線の切片の高さ $c_i^h(1)/r_i$ で表現できることになります。

**《二財の生産費の違い》** この図を利用して，ある地域 $i$ での二財の生産費の違いを見てみましょう。図8.2には農業，製造業の単位等生産量曲線を描いていま

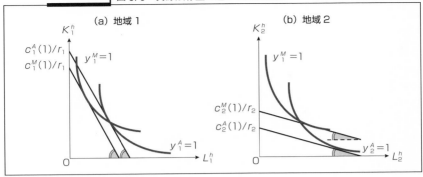

(a) 地域1

$K_1^h$

$c_1^A(1)/r_1$
$c_1^M(1)/r_1$

$y_1^M = 1$

$y_1^A = 1$

$0$    $L_1^h$

(b) 地域2

$K_2^h$

$y_1^M = 1$

$c_2^M(1)/r_2$
$c_2^A(1)/r_2$

$y_2^A = 1$

$0$    $L_2^h$

す。

　ある要素価格の組み合わせ $(r_i, w_i)$ に対する費用最小化点における資本投入量と労働投入量の比 $K_i^h/L_i^h$ を**資本集約度**と呼びますが，ここでは，あらゆる $(r_i, w_i)$ に対して，製造業の方が農業よりもこの資本集約度が高いとします。これを，製造業の方が農業より**資本集約的**である，といいます。図8.2でも，$K_i^M/L_i^M$ の方が，$K_i^A/L_i^A$ よりも高くなっています。このとき，一単位生産するための費用 $c_i^h(1)$ は，切片の差で表されますので，農業の方が製造業より高くなっています。もちろん，この水準は要素価格比 $w_i/r_i$ の大きさに依存しますので，このグラフはたまたま農業の方が高いケースを描いていると思ってください。


**《比較優位》**　ここで，地域1の方が地域2より，資本の賦存量が労働力の賦存量に対して相対的に多く，要素価格比 $w_i/r_i$ が高くなっている（$w_1/r_1 > w_2/r_2$）とします。地域1が，相対的に資本の多い地域，地域2が相対的に労働力の多い地域，とするわけです。すると，それぞれの地域での単位当たり生産費用 $c_i^h(1)$ は図8.3のような状態になります。

　図8.3の左側が地域1，右側が地域2の状況を表しています。$w_1/r_1 > w_2/r_2$ を仮定していますので，単位等生産量曲線の，費用最小化点における接線の傾きは，地域1での方が地域2よりも急になっています。さらに，製造業の方が農業よりも資本集約的であるため，二つの産業の単位等生産量曲線は図8.2のような位置関係にあります。そのため，地域1と2とを比べると，

$$\frac{c_1^A(1)}{c_1^M(1)} > \frac{c_2^A(1)}{c_2^M(1)}$$

となっています。つまり，地域 1 では農業財に比べて，製造業の財が割安に，地域 2 では，製造業の財に比べて，農業財が割安に生産することができるのです。こうして，上に述べたような形で資源の賦存量が異なる場合に，地域 1 が製造業に，地域 2 が農業に比較優位を持つことになります。もちろん，ここで仮定した要素価格比の関係は，本来はモデルの中で決定すべき変数です。一定の条件のもとでは，モデルの中でこれらの変数を決定しても，比較優位が発生することが知られており，この関係を初めて示した人々の名前から，**ヘクシャー・オリーンの定理**と呼ばれています。

**POINT**

相対的な生産費用が安いことを比較優位がある，といいます。産業間交易は比較優位が原因で生じると考えられます。比較優位の原因としては，例えば，生産技術の差や資源（生産要素）賦存量の差が挙げられます。

# 3 不完全競争市場と産業内交易

産業内交易の理由として最も代表的なものは，不完全競争市場における企業行動です。例えば，規模の経済がある場合などは，企業規模が大きいほど生産に有利になり，市場に存在する企業数は，完全競争市場が想定するほど多いとは考えられず，企業はプライステイカーとして行動するとは考えられません。こうした場合，まったく同じ財が地域間で双方向に交易される可能性があることが知られており，交易をする地域が利益を得ることを示すことができます。このことを，簡単なモデルを用いて確認してみましょう。

## 交易と財の供給量

二地域（1 と 2）のそれぞれに，ある産業の企業が一つずつあるとします。これらの企業は同じ財を生産しています。そのため，交易がなければ企業はそれぞれの地域で独占企業として振る舞いますが，交易があると，企業数が 2 の場

合の寡占である複占の状態になり，よその地域の企業との競争にさらされます。ここでは，企業は生産量を決定するとします。すると，交易がない状態は独占ですが，交易がある状態は，ゲーム理論で登場する複占の数量競争で表現されることになります。この数量競争は最初に分析した人の名前から，クールノー競争と呼ばれています。地域 $i$ での財の価格を $P_i$，そこに供給される財の総量を $Q_i$ で表し，需要関数を $P_i = \alpha - \beta Q_i$ のようにしておきます。$\alpha$ と $\beta$ は正の定数です。限界費用は $c$ で一定であるとします。$\alpha > c$ でなければ，企業は生産する誘因を持ちませんので，この関係を仮定しておきます。

　地域 $i$ にある企業の，地域 $j$ への供給量を $q_{ij}$ と書くと，交易がない状態はそれぞれの地域にある企業による独占の状態ですので，$Q_i = q_{ii}$ となります。しかし，交易がある状態は，複占ですので，$Q_i = q_{ii} + q_{ji}$ と，ある地域に供給される財の総量は，その地域の企業からの供給量 $q_{ii}$ と，よその地域の企業からの供給量 $q_{ji}$ の和になります。交易がない場合は独占ですので簡単なのですが，交易がある状態では，他地域の企業の供給量は，$Q_i$ と $Q_j$ に影響を与え，価格および利潤を左右します。そのため，企業の供給量は他地域の企業の供給量との兼ね合いで決まることになります。こうした場合には，均衡として，ナッシュ均衡を用います。これは，最初に考案したナッシュの名前がついた均衡概念で「自分だけ行動を変えても得しない状態（より正確には，自分一人が違う戦略を選んでも利得が上がらないような戦略の組）」を指します。

　交易がない状態での供給量に $M$ を，ある状態での供給量に $t$ をつけて区別すると，ウェブサポートページの補論で詳しく示していますように，交易がない独占の状態の均衡での供給量と，交易がある状態のクールノー競争のナッシュ均衡での供給量との間に，

$$Q_i^t \, (= q_{ii}^t + q_{ji}^t) > Q_i^M \, (= q_i^M) > q_{ii}^t$$

の関係が成り立つことが示せます。つまり，交易があると，ない場合に比べて，自地域の企業の供給量は減ります（$q_i^M > q_{ii}^t$）が，他地域の企業からの移出により，全体での供給量は増える（$Q_i^t > Q_i^M$）のです。

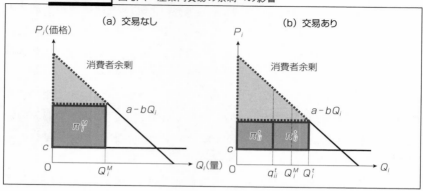

## 交易の社会厚生への影響

　こうした不完全競争の状態では，産業内交易が生じ，交易により財の供給量が増えるわけですが，この社会厚生への影響はどのようなものでしょうか？産業間交易のように，交易をする両地域に恩恵をもたらすのでしょうか？ここでは産業内交易の社会厚生への効果を，余剰分析を用いて見てみましょう。

　図8.4は地域 $i$ における社会的余剰を描いています。

　左の図が交易がない状態，右の図が交易がある状態を表しています。この図で，点線で囲まれた三角形が消費者余剰で，実線で囲まれた四角形が生産者余剰を表しています。図から読み取れるように，交易がない状態とある状態とを比べると，交易によって，消費者余剰は増えることがわかります。生産者余剰については，自地域内への販売からの余剰は減っていますが，他地域への販売からの余剰が加わるため，全体ではどうなるか図からはわかりません。しかし，消費者余剰と生産者余剰を合わせた社会的余剰は必ず増えることがわかります。

　ここではそれぞれの地域に一つしか企業がいない，としてきましたが，ここでの結果は，企業の自由参入を考慮しても成り立つことが知られています。また，不完全競争の形態として，クールノー競争，つまり，数量競争を念頭においてきましたが，別の競争形態，例えば，独占的競争を想定しても，産業内交易が生じ，社会厚生を高くすることができることがわかっています。特に，独占的競争のもとでは，交易が消費財や中間投入財の多様性を増すという効果も加わり，これも社会厚生を引き上げる一因となります。

## Column **❽-2** 貿易・交易とリスク分散

　貿易や交易，という言葉を使うと，遠い世界の話に聞こえるかもしれませんが，要は，国や地域で手分けして比較的得意な物をつくって交換したら得になるのでは？ もしくは，似たような物をつくっていたとしても，少し違いがあれば，選択肢を増やす，という意味でお得なのでは？ ということです。こうした貿易や交易の利益に対して懐疑的な意見も耳にします。

　例えば，貿易であれば，外国製品だと品質がよくわからないので国内で賄うべきだ，という意見も（特に農産物について）あるかもしれません。しかし，すべて国内で賄うのは現実的ではありませんし，万が一国内の製品が低品質であることが判明したら，高品質のものが利用できない，という事態に陥ります。農産物であれば，国内が不作であると，一気に手に入らなくなります。実際，1993 年には冷夏のため国産米が不作になり，米を外国から緊急輸入する事態となりました。こうした事態は，もともと複数の国との間で米を貿易していれば避けられたはずです。貿易や交易には，こうした供給リスクに備えたリスク分散の機能もあるのです。

**POINT**

　不完全競争の状態では産業内交易が行われる可能性が生じます。また，産業内交易はさまざまな経路を通じて社会厚生を高めうることがわかっています。

## EXERCISE ●練習問題

①　地域間交易ができなくなると，私たちの暮らしはどうなるでしょうか？ 考えてみてください。

②　絶対優位と比較優位の議論において，$a_i$ と $b_i$ に具体的な数値を当てはめて，交易の効果を確認してみてください。

③　産業内交易のモデルで，企業が，供給量ではなく価格を決めるとしたら議論はどのように変化するでしょうか？

---CHAPTER---

第 **9** 章

# 企 業 立 地

## どこで開業するべき？

　街を歩いていると，コンビニエンスストアが二軒すぐそばに建っているのを見かけることがあります。もちろん，どの系列の店なのかで品揃えが違うのでしょうが，消費者からすると，さほど区別しないで利用することも多いのではないでしょうか？　もし消費者が区別しないのであれば，コンビニの経営者からすると，他のコンビニから離れて店を始めた方がよさそうな気がします。他のコンビニのそばで開業する利点が何かあるのでしょうか？　もっと一般的には，このような店の立地を決める要因としては，どのようなものが考えられるのでしょうか？　また，コンビニで売られているものはどこかよそで作られて，店まで運ばれてくることがほとんどです。こうした店で販売するものを作る工場はどこに立地すると考えればよいでしょうか？

　この章では，企業がどこに立地するかを決める要因について考えてみましょう。その際，販売するものを作る段階と，作ったものを販売する段階に分けて議論していきます。説明の便宜上，前者を工業立地，後者を商業立地と呼んでおきます。もちろん，現実には厳密に両者を区別することはできませんし，両方の特性を持った業種もあるでしょう。ここでの説明は，議論の出発点として，いわゆる工業（第二次産業），商業（第三次産業）における企業立地で重視されると思われる要因を単純化して，その性質を見てみよう，というものです。

　なお，産業を三つに分けたときの残りの一部門である農業（第一次産業）は，

広い土地を必要としますので，それに従事する人や企業の立地は，結局，耕作可能な土地の場所に大きく左右されると考えられます。もちろん，日持ちのしない農作物が大都市近郊で作られていたりと，市場への輸送費により作られる場所が影響を受けることもありますが，それについては，この章の工業立地の分析を応用することで解釈できますので，別立てでは扱いません。

# 1 工業立地の分析

　ごく大雑把な工業のイメージは，工場を建て，原材料地から原材料を仕入れて，それを加工し，製品に仕上げて，売れる場所，つまり，市場まで運んで販売する，といったものではないでしょうか？　当然，その過程で，原材料地からの原材料輸送費や，製品を市場まで運ぶ製品輸送費がかかってきます。こうした輸送費が，工業部門における企業立地の重要な決定要因の一つだと考えられています。その影響について，詳しく見てみましょう。

## 単純なケース──中位点立地の原理

　まず最初に，ごく単純化して，生産した製品を市場へ運ぶ過程のみを考慮してみましょう。ここでは，生産した製品の市場への輸送費が輸送距離と輸送される財の量に比例しているとします。実際には他の要素も関係してきますが，簡単にしておきましょう。そして，図9.1のように，左端から都市AからGまでが並んでつながっているとします。

　この都市AからGまでには，それぞれ図に書いてある人数の消費者が住んでいるとします。ものすごく乱暴ですが，日本の大都市（福岡，広島，大阪，名古屋，東京，仙台，札幌）をイメージして描いています。これらの都市に住む消費者は，それぞれ一単位ずつ製品を購入するとします。また，都市と都市との間の距離が，$x_j$ km $(j=1, 2, …, 6)$ であるとしましょう。都市内での輸送費は，都市間の輸送費に比べれば小さいため，ここでは考慮の対象外としておきます。こうした状況で，ある企業が立地する場所を決めたい，とします。他の企業の影響はここでは考えません。このとき，どこに企業が立地すると，総輸送費を

図9.1　中位点立地の原理

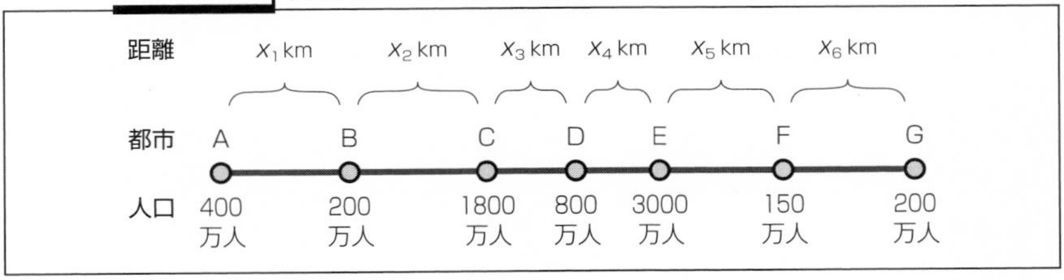

最も小さくできるでしょうか？

　答えを先にいうと，端から人の数を数えたときに，ちょうど総人口の半分に
なる人が住む都市に立地すると，総輸送費が最も小さくなります。ちょうど半
分になる人が住むわけですから，中央値（中位点，メディアン）に相当する都市
に立地するのがよいわけです。そこで，この結果は**中位点立地の原理**もしくは
考えた人の名前から**ハキミの定理**などと呼ばれています。これは，都市間距離
や都市の数によらず成立することが知られています。

　中央値を求めるときには，全体の人数が奇数であれば，全体の数に1を足し
て，2で割ります。例えば，全部で11人いれば，真ん中の人は，端から数え
て $(11+1) \div 2 = 6$ 番目です。注目する属性について，この人の値が中央値に
なります。偶数人のときは，真ん中の人は存在せず，真ん中から一人だけずれ
た人が二人います。なので，これらの二人の平均的な値を考えます。例えば，
全部で12人いるときは，左端から数えて $12 \div 2 = 6$ 番目の人と，右端から数え
て6番目の人がいますので，注目する属性の値について，この二人の平均値を
とり，それを中央値と呼びます。

　図9.1の例では，中央値に相当する都市に住む人が，端から数えて何番目か
というと，総人口が6550万人ですので，$6550 \div 2 = 3275$ 万番目，もしくは，
3275万1番目です。この二人は両方とも都市Eに住んでいますので，中央値
に相当する都市は，都市Eになります。ここに立地すると総輸送費が最も小
さくなるのです。

**《三都市の場合の証明》**　ここでは，三都市の場合に限定して，中位点立地の原理
を証明してみましょう。図9.1の左から三都市（A, B, C）のみしかないとし
ます。AとBとの距離が $x_1$ km，BとCとの距離が $x_2$ km というのはそのま

まにします。都市人口は一般化して，それぞれ $P_A$, $P_B$, $P_C$ 人ずついるものとしましょう。$P_i$ $(i=A, B, C)$ は自然数です。製品の輸送費は，一単位の製品を $x_i$ km 運ぶのに，$x_i$ 円かかるとしましょう。つまり，1 km 当たり製品単位当たり1円の輸送費を想定しています。これはいくらでもよく，例えば $t$ 円としても結果は同じですので，記述を簡単にするために1円としておきましょう。

　ここでは，総人口が奇数の場合のみ証明しましょう。偶数の場合も証明はほぼ同じですので，繰り返しを避けて，奇数の場合のみ扱います。この場合，中央値に相当する都市が都市 A であるためには，ちょうど真ん中に位置する人，つまり，端から数えて $(P_A+P_B+P_C+1)/2$ 番目の人が都市 A にいればよいわけですから，都市 A の人口が $(P_A+P_B+P_C+1)/2$ 以上であることがその条件になります。つまり，

$$P_A \geqq \frac{P_A+P_B+P_C+1}{2}$$

です。これを整理すると，

$$P_A \geqq P_B+P_C+1$$

となります。$P_i$ は自然数ですので，この条件は，

$$P_A > P_B+P_C$$

と書き換えることができます。同様に考えると，中央値に相当する都市が都市 C であるための条件は，都市 C の人口が $(P_A+P_B+P_C+1)/2$ 以上であること，つまり，

$$P_C \geqq \frac{P_A+P_B+P_C+1}{2}$$

で，

$$P_C > P_A+P_B$$

と書き換えられます。最後に，中央値に相当する都市が都市 B であるための条件も，同様に考えると，

$$P_A < P_B + P_C \quad かつ \quad P_C < P_A + P_B$$

となります。

　では，総輸送費が最も小さくなるための条件はどのようになっているでしょうか？　企業が都市 $i$ に立地した場合の総輸送費 $T_i$（$i = A, B, C$）は，

$$T_A = P_B x_1 + P_C (x_1 + x_2)$$
$$T_B = P_A x_1 + P_C x_2$$
$$T_C = P_A (x_1 + x_2) + P_B x_2$$

となります。人々は一人一単位購入し，一単位を $x_i$ km 運ぶと $x_i$ 円かかるわけですから，例えば，都市 A に立地すると，都市 B へ $P_B$ 単位運ぶために $P_B x_1$ 円かかるのです。都市 A に立地すると，都市 B と C に運ぶ必要がありますので，それらの輸送費を合計したものが総輸送費になります。ここで，都市 A に立地すると総輸送費が最も小さくなるための条件は，

$$T_A < T_B \quad かつ \quad T_A < T_C$$

です。これを整理すると，

$$P_A > P_B + P_C \quad かつ \quad 2 x_2 P_B > (x_1 + x_2)(P_B + P_C - P_A)$$

となりますが，二番目の不等式は，一番目の不等式が成り立っていれば，自動的に成り立ちます。そのため，この条件は，

$$P_A > P_B + P_C$$

となります。同様に，都市 C に立地すると総輸送費が最も小さくなるための条件は，

$$T_C < T_A \quad かつ \quad T_C < T_B$$

で，これを整理すると，

$$P_C > P_A + P_B$$

となります。最後に，都市Bに立地すると総輸送費が最も小さくなるのは，

$$T_B < T_A \quad かつ \quad T_B < T_C$$

の場合ですので，これを整理すると，

$$P_A < P_B + P_C \quad かつ \quad P_C < P_A + P_B$$

になります。つまり，中央値に相当する都市と，総輸送費が最小になる都市とは，その条件が同じなのです。もちろん，これは，$n$個の都市を考えても成立します。このように，製品の輸送費だけを考えると，どこに真ん中に相当する買手がいるのか，という情報が重要になるのです。

## ▌原材料輸送費も考慮するとどうなるか？──ウェーバーの工業立地論 ▌

では，製品の輸送費に加えて，製品を生産するのに必要な原材料の輸送費も考慮すると，どこに立地するのが得になるのでしょうか？ この場合，当然ですが，原材料の重量と製品の重量との相対的な関係が重要になります。それを明示的にするために，原材料の重量と製品の重量が同じ場合を**純粋原料**の場合，原材料の重量が製品の重量より重い場合を**重量減損原料**の場合と呼びます。前者の典型例としては原材料の一つである水の重さが製品の重さを決めると考えられるジュースやビール製造業などが，後者の典型例としては原材料の鉄鉱石を精製すると軽くなる製鉄業などが考えられます。また，どこで原材料が手に入るかで区別することもあります。どこでも入手可能な原材料を**普遍原料**，入手可能な場所が限られている原材料を**局地原料**と呼びます。原材料地と市場の両方を考えて，工場の立地を考える枠組みは，最初にそれを考えた人の名前に由来して，**ウェーバーの工業立地論**と呼ばれています。

**《基本ケース──原材料地が一カ所の場合》** 原材料の輸送費も必要になれば，全体として輸送費は，原材料地から企業の工場への原材料輸送費と，工場から市場への製品輸送費の両方が必要になります。普遍原料であれば，当然市場のそばでも入手可能ですから，結局，製品輸送費のみを考えればよくなり，前節の結果をそのまま当てはめることができますが，局地原料であれば，原材料輸送費

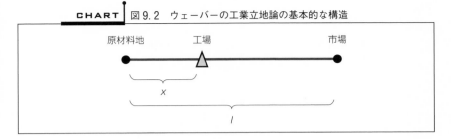

原材料地 工場 市場

$x$

$l$

のことを考慮しなければなりません。ここでは，まず，簡単な場合として，輸送費が距離と運ぶものの重さに比例するとして考えてみましょう。具体的には，製品輸送費が「$T$×距離（単位は何でもかまいません。例えば，km などです）×製品の重さ（これも単位は何でもかまいません。例えば，kg などです）」，原材料輸送費が「$t$×距離×原材料の重さ」で決まり，原材料地から市場までの距離を $l$ とし，工場の位置を原材料地からの距離 $x$ で表すことにしましょう。すると，総輸送費を最も小さくする立地は，必ず原材料地と市場とを結ぶ直線上のどこかになります。つまり，図9.2 のような位置関係になるのです。

また，生産において製品を一単位生産するときの原材料の重量と製品の重量との関係が比例的であるとしましょう。この，原材料の重量と製品の重量との比は **原料指数** と呼ばれていますが，これを $m$ とおきましょう。すると，製品一単位の重さを $D$ とおくと，製品を一単位だけ生産するときの総輸送費は，

$$\underbrace{txmD}_{\text{原料輸送費}} + \underbrace{T(l-x)D}_{\text{製品輸送費}} = [Tl + (tm - T)x]D$$

のように簡単に表されます。この総輸送費が最も小さくなるところに企業が工場を建てるとすると，

$$m > T/t \quad \Rightarrow \quad \text{原材料地に立地}$$
$$m < T/t \quad \Rightarrow \quad \text{市場に立地}$$
$$m = T/t \quad \Rightarrow \quad \text{どこでも無差別}$$

となり，原料指数の大小に応じて，原材料地か市場のどちらかに立地する可能性が高いことになります。より一般的には，輸送費がこの例のように距離に比例的な場合と図9.3 のように限界輸送費が逓減的な場合は，原材料地と市場しかなければ，非常に限定的な場合を除いて，原材料地か市場のどちらかに立地

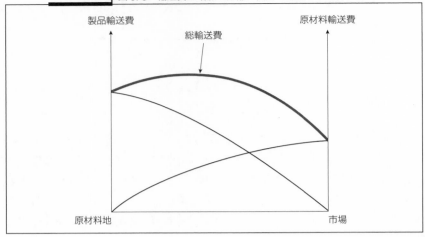

し，中間には立地しないことが知られていて，**端点立地の法則**と呼ばれています。

　図9.3においては，左端に原材料地を，右端に市場を配置して，縦軸で輸送費を表していますが，原材料輸送費が右上がりの曲線，製品輸送費が右下がりの曲線になっています。この図の場合，市場のすぐそばに立地すると総輸送費が最も小さくなります。

**《原材料地が複数ある場合》**　では，原材料地が複数あるとどうなるでしょうか？原材料地が二カ所（AとB）あるとして，同様の問題を考えてみましょう。市場と二つの原材料地を線で結んでできる三角形は**ウェーバーの三角形**と呼ばれることもあります。簡単化のため，両方の原材料について原料指数を1としておきます。つまり，製品を重量一単位生産するのに，両方の原材料が重量一単位ずつ必要ということです。また，ここでも，輸送費が距離に比例するとして，単位距離当たり製品輸送費を $T$，単位距離当たり原材料輸送費を $t_A, t_B$ としておきます。原材料ごとに輸送費が異なることを許しています。この場合，市場，原材料地 A もしくは B，もしくはこれら三カ所を直線で結んでできる三角形の内部が総輸送費が最も小さくなることが知られています。これを，数値例で確認してみましょう。

(a) $T = \dfrac{1}{2}$, $t_A = \dfrac{1}{2}$, $t_B = \dfrac{1}{2}$

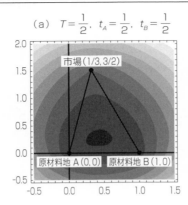

(b) $T = 1$, $t_A = \dfrac{1}{2}$, $t_B = \dfrac{1}{2}$

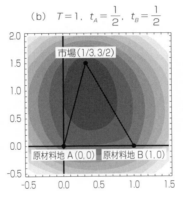

(c) $T = 1$, $t_A = \dfrac{1}{2}$, $t_B = 2$

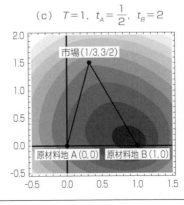

図 9.4 は，$T, t_A, t_B$ に数値を当てはめて，どこが総輸送費が安くなるかを示しており，色の濃いところほど輸送費が安くなっています。(a) はどの輸送費も同じ場合を表していますが，この場合，市場と原材料地とを結んでできる三角形の内部で輸送費が安くなっています。一方，(b) では，製品輸送費のみが高い場合を描いていますが，この場合，市場で輸送費が最も安くなります。最後に，(c) では，原材料 B の輸送費が最も高く，次いで製品輸送費，そして，原材料 A の輸送費の順になっています。この場合，原材料地 B に立地するのが安上がりです。ある程度一般的な設定のもとでも，このように，三角形の頂点か内部に立地するのが安上がりで，線分上に立地すると輸送費が高くなることが知られています。

**POINT**

> 製品輸送費のみを考慮した場合と，原材料輸送費も考慮した場合とで，最適な企業立地は異なり，それぞれについて，ある程度の性質が知られています。

# ② 商業立地の分析

　これまでは，製品を作って，売れるところに運ぶ，という観点から，企業立地を論じてきましたが，いわゆる商店では，客に店まで買いに来てもらう必要があります。消費者の立場を考慮する必要があるわけです。そこで，どこに店を構えると客を集めやすいか，という視点から企業立地を考えてみましょう。

### ホテリングの空間競争

　ここでは，ホテリングが考えた枠組みを利用して，商業立地について分析します。客に買いに来てもらう，という状況を最も単純に表現することを考えてみましょう。今，海水浴場で二軒のアイスクリーム屋 A と B が店を開こうとしています。海水浴客は海水浴場にまんべんなくいて，全員が一個ずつ最寄の店でアイスを買うとします。アイスの質や値段は同じ（同じアイスを定価で売っています）であるとき，A および B はどこに店を開くでしょうか？ これを分析するために，海水浴場を長さ 1 の数直線で近似して，客がその数直線上に一

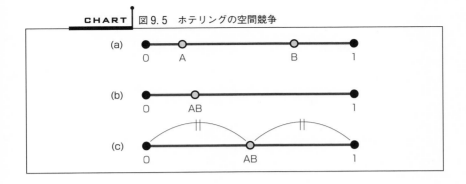

様に分布しているとします。数直線の左端を原点としておきましょう。また、アイスクリーム屋はより多くの客を獲得できるところに店を開くとしましょう。客は最寄りの店から買うわけですが、もし同じ場所（隣り合わせ）に店があると、客は二つの店に半分ずつ行くとしておきます。こうした状況のもとで、二つの店が、相談しないで場所を選ぶとしたら、どこに店を開くのか、をゲーム理論を用いて考えてみましょう（この場合、プレーヤーはアイスクリーム屋AとBで、戦略は店を開く場所で、戦略空間は長さ1の数直線、利得は獲得できる客の数です。また、ゲームのルールは共有知識になっているとします）。ゲーム理論では、落ち着き先として、ナッシュ均衡を用いるわけですが、これは、「自分一人が違う戦略を選んでも利得が上がらないような戦略の組」を指しますので、この場合、結果として実現する店の場所は、図9.5のような3パターンに大別することができます。

　（a）では、二つの店が別々に立地しています。（b）では同じ場所に立地していますが、その場所が真ん中ではなく、左寄りになっています。（c）では両方の店が真ん中に立地しています。このどれがナッシュ均衡になるでしょうか？　結果から先にいうと、（c）がナッシュ均衡になります。（a）では、店AはBに少し近づくと、自分の店が最寄りとなる客を少し増やすことができます。店BがAに近づいても同じです。これは、自分だけ戦略を変えると自分が高い利得を得られることを意味しますので、ナッシュ均衡ではありません。次に、（b）では、どちらかの店が少し右に移動すると、その店を最寄りとする客が大幅に増えます。自分より右に位置する客をすべて奪えるからです。これも自分が位置を変えることで利得を上げることができていますので、ナッシ

**Column ❾-1　幅広いホテリングモデルの応用範囲**

　ここで考えてきた，企業が立地できる数直線を，企業が供給する製品の特性の取りうる範囲だと解釈すると，企業がどのような特性を持った製品を生産するかを決定する状況だと解釈することもできます。例えば，パソコンなどで，0 に近いほど，安価だけれどスペックはそれほど良くない製品で，1 に近いほど，高価だけれどハイスペックの製品，といった感じに解釈するわけです。すると，この枠組みで，企業同士の製品差別化競争を分析することもできるようになります。もちろん，数直線だと，製品の持つ性質をひとまとめにして議論することしかできません。今の例だと，パソコンの価格とスペックをひとまとめにする必要があります。しかし，もちろん，この章の最後に紹介するように，複数の性質についてそれぞれ意思決定する，という拡張も可能です。パソコンのスペックを決めて，その後に価格を決める，といった感じです。こうした拡張を行うと，幅広い分析が可能になるため，この枠組みは企業行動を重点的に分析する産業組織論でも用いられています。

　さらに，この線分を政党が選ぶ政策の特性の取りうる範囲だと解釈すると，有権者の票を集めようとする政党同士の政策選択を分析する枠組みにもなります。こうした分析は政治学で行われています。このように，ホテリングの考えた枠組みは，単純ながら応用範囲が広く，さまざまな領域で利用されています。

ュ均衡ではありません。最後に，（c）では，動いた方が客を減らしますので，これはナッシュ均衡になるわけです。

　この例は，客が買いに来る移動費用のみを気にして，最寄りの店から買う場合，店同士の戦略的な客の奪い合いの結果，隣り合わせに立地する可能性があることを示しています。実際にコンビニが並んで建っている状態は，このメカニズムが働いている，と考えることもできます。

## 他の要素がどう影響するか？――例：価格競争の影響

　ホテリングの枠組みで，店が選べる戦略をもう少し増やすと，結果はどう変わるでしょうか？　現実には，店は開業する場所だけを決めているわけではありません。例えば，そこで売るものの値段や，販売（仕入れ）量や，品揃えについても決めているはずです。こうした要素は，店をどこに開くか，という意

思決定にどう影響するのでしょうか？ すべてを一度に吟味することは無理ですので，ここでは，値段についての意思決定を取り上げて，店の立地への影響を見てみることにしましょう。

先ほどと同様に，二つの店（AとB）があり，この二店にとっての客が長さ1の数直線上に一様に分布しています。その数直線の左端に原点をとっておきます。ここで，客の総数は1と基準化しておきます。店は先ほどと同様に立地点を決めますが，それに加えて，販売する商品の価格を決めることができるとします。その意思決定の順序は，まず各店が数直線上の自分の立地点 $l_i$ （$i=A,$ $B$）を決め，次に，お互いの立地点を観察した後，価格 $p_i$ （$\geqq 0$）を決めるとします。記述の簡単化のため，商品の仕入れ費用はゼロとし，各店にとっての需要量を $q_i$ で表して，利得関数を $\pi_i = p_i q_i$ とします。立地点および価格が決まると，その後に次のように $q_i$ が決まり，$\pi_i$ が決まるとします。また，客にとって店の商品に違いはなく，そのため，自分の立地点から店の立地点への移動費用と価格との和が安い方から商品を購入するとします。先ほどと同様に，それぞれの客は1単位の財を購入します。$d$ だけ離れた店への移動費用は $td^2 (t>0)$ とします。ここでは，日常の買い物に行く際には，心理的な費用も含めて考えると限界移動費用が距離について逓増的であることを想定しています。移動費用が距離の二乗に比例する，という設定は，この想定を表現しています。また，二乗という特殊な形を仮定する理由は，この形のもとで，このゲームの部分ゲーム完全ナッシュ均衡が純粋戦略の範囲で存在することがわかっているためです。

すると，客は $p+td^2$ の安い店から商品を購入することになり，これにより $q_i$ が決まることになります。また，$p+td^2$ が二つの店で等しいとき，客は二つの店に半分ずつ行くとします。このように，意思決定が何段階かになるゲームでは，均衡概念としては，部分ゲーム完全ナッシュ均衡を用います。そのため，段階をさかのぼるように考察を進めていくことになります。

このような，店の位置を決めて，価格を決める，立地 − 価格競争においては，相手企業に近づくという行動が二つの効果をもたらすことが知られています。ウェブサポートページの補論で詳しく説明していますが，まず，価格競争がない場合と同様に，相手に近づくことで，相手の市場を奪える，という効果です。

　企業にとって，どこに店を構えるか，が重要であることは納得してもらいやすいでしょう。特に小売店にとっては，お客さんに来てもらわないと話が始まりませんから，人通りの多い場所に開店しようとするでしょう。この章の焦点は，そのような状況で，他の店との位置関係がどのように重要か，という点です。ここでの分析は，一つの企業が一店舗しか構えない場合のみしか扱っていませんが，実際は大企業であれば複数の店舗を展開します。すると，どういった店舗をライバルのどの店舗と競争させるか，といった，さらに複雑な状況が生じます。実際，2007 年に，東京の池袋駅前にヤマダ電機が進出した際は，ビックカメラとの競争が新聞やニュースでも取り上げられました（2010 年 5 月 7 日『朝日新聞』朝刊）。

　どちらも多店舗を展開している家電量販店ですが，それ以前はどちらかというと，ヤマダ電機は郊外指向で，ビックカメラは都心指向というイメージがあり，池袋のビックカメラは本店であったことから，この進出は，ヤマダ電機によるビックカメラへの挑戦という印象をもったものです。最近では，さらにヨドバシカメラが西武池袋再編に伴い出店し，池袋での競争が激化する可能性が報じられました（2023 年 1 月 30 日『ITmedia ビジネス ONLINE』https://www.itmedia.co.jp/business/articles/2301/30/news015.html，2023 年 9 月 20 日最終確認）。こうした多店舗企業による立地競争も，ここで紹介した話題の延長線上にあります。

池袋駅前のビックカメラとヤマダ電機（写真提供：時事通信フォト）

次に，相手に近づくことで，相手との価格競争が激化する，という効果です。前者は利得を引き上げますが，後者は引き下げます。どちらが強いかで，均衡における立地が決まるのですが，ここで紹介した設定のもとでは，後者の効果が上回ることが知られています。

そのため，均衡では，一つの店はできるだけ左に行こうとして0に立地し，もう一つはできるだけ右に行こうとして1に立地することになるのです。つまり，価格競争という要素を取り込むと，それがない場合に比べて，店の立地選択がまったく異なったものになりうるのです。この結果は，立地空間を製品の品質空間と読み替えた設定のもとで，**最大差別化原理**として知られています。

ここまでの立地選択の結果は社会にとって「良い」状態なのでしょうか？ここでの「良い」ことの基準は社会全体の利益，つまり消費者余剰と生産者余剰の和です。このモデルではそれは消費者の移動費用の和にマイナスをつけたものに相当します。ウェブサポートページの補論で詳しく説明していますが，この社会全体の利益を最大にする立地点は $l_A = 1/4$ かつ $l_B = 3/4$ となることがわかっています。これは，これまで考えてきた均衡のもとでは達成されません。立地選択のみを考えた場合のナッシュ均衡では店は真ん中に，価格選択も考慮した場合の部分ゲーム完全ナッシュ均衡では店が過度に離れて立地してしまうのです。空間競争の均衡における立地は，社会的に望ましい立地とは限らず，どのように異なるかは，どういう手段を用いて競争しているのか，に依存します。

POINT

商業立地を考える上では，お客をどう獲得するか，という視点が重要です。さらに，価格競争などの要素も影響すると考えられます。

## EXERCISE ●練習問題

① この章で紹介した工場や店舗の立地パターンで説明できそうな事例を探してみましょう。

② 図9.2のウェーバーの工業立地論で，製品輸送費が「$T \times$ 距離$^2 \times$ 製品の重さ」になる（距離の二乗に比例的になる）と，最適な立地点はどうなるでしょう

か？

③　価格競争のないホテリングの立地競争で，企業数が三つになると，結果はどう
　変わるでしょうか？

CHAPTER

第 **10** 章

# 空間経済学

## 距離はなぜ重要？

　第 8 章・第 9 章で取り上げた話題は，必ずしも都市や地域に限ったものではありません。むしろ，国同士の関係でよく議論されるのを耳にするのではないでしょうか。例えば，国際経済学や貿易論といった授業でそっくりな内容を聞くことも多いと思います。では，何が両者を区別しているのでしょうか。伝統的には，国同士の関係を議論する場合には，国境や国の政府の存在を明示的に想定して，国境をまたいだ人口移動はできないとしたり，各国政府は独立に意思決定しているとしていました。一方，国の中の都市や地域同士の関係については，人口移動を明示的に考慮したり，各地域政府はある程度は独立に意思決定するものの，国の政府よりは政策手段が限られているとして分析されてきました。しかし，国や都市・地域のあり方が多様化し，例えば欧州連合 (EU) のように，国の間での人や企業の移動が原則自由になったり，国の政府が完全に独立しているわけではなく，EU というより大きな枠組みの中に組み込まれているような状況が現れてきて，伝統的な区分では分析に不都合が生じてきました。こうした背景から，国や都市・地域のさまざまな状況を統一的に考察できる枠組みが必要とされるようになり，その有効な手段として，**空間経済学**という領域が登場しました。

　この章では，空間経済学という領域について，経済活動の集積がどのような場合に生じるのかという問題を例にとり，簡単に説明します。その際，国際経

## Column ❿-1　東京の一極集中と空間経済学

　東京が日本の中心であることは，疑いようのないことでしょう。政治，経済，文化と，さまざまな面において，重要な機能が東京に集まっています。このような一極集中がなぜ生じるのかを考えるための道具が空間経済学です。東京への集中が望ましいことなのか，については長らく議論が行われてきました。実際，首都機能移転の議論から，道州制の議論，東京 23 区の大学の定員抑制，そして，地方移住支援まで，問題意識の一端が，東京への集中が過度なのかどうか，といった点にありました（2023 年 1 月 30 日『日本経済新聞オンライン』https://www.nikkei.com/article/DGXZQOUA300JW0Q3A130C2000000/，2023 年 9 月 20 日最終確認）。

　こうした議論では，往々にして，意見の対立が生じます。意見を述べる人々にはそれぞれ視点があり，それは一極集中のある一面を的確にとらえていることが多いと思います。しかし，そうした異なる意見を総合的に判断するためには，もっと中立的な，個人の立場によらない手法が必要でしょう。その有力な候補として空間経済学は発展してきました。

新宿の高層ビル群

　済学とのつながりを重点的に説明するやり方と，都市・地域経済学とのつながりを重点的に説明するやり方の，二通りが考えられるわけですが，もちろん，ここでは後者を採用します。そこで，まず，これまでに学習してきた都市・地域経済学において，集積がどのように表現されるかを見てみましょう。

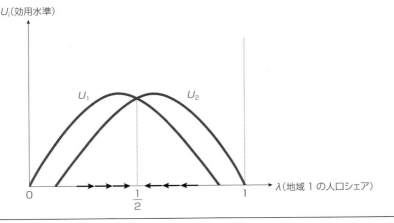

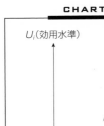

# 1 集積の経済と都市規模

第7章で都市規模と集積の経済・不経済との関係を描いた**図7.2**を思い出してみましょう。ここでは都市規模を地域人口規模に読み替えて図を利用します。地域1と地域2という人口規模以外同質な二地域からなる経済を想定して、さまざまな可能性について整理してみましょう。ここでの同質とは、生産構造、土地の賦存量などあらゆる面で同じであり、異なりうるのは人口規模のみ、という意味です。二地域を合わせた総人口を固定して $\overline{L}$ とおき、地域 $i$ の人口を $L_i$ で表すと、人々はいずれかの地域に住むため、$\overline{L}=L_1+L_2$ となります。ここで、この式の両辺を $\overline{L}$ で割り、地域1の人口シェアを $\lambda=L_1/\overline{L}$ とおいて表記を簡単にしておきましょう。

### 都市規模の決定——対称均衡

横軸に地域1の人口シェア $\lambda$、縦軸に各地域の効用水準 $U_i$ をとり、$1-\lambda$ が地域2の人口シェアであることに注意しながら両地域の効用水準を一つの図に描いたものが**図10.1**です（ここでは第7章のように全体の便益を求める作業をしま

せんので，便益，という言葉ではなく，効用，という言葉を用いています。要は，効用のグラフが図 10.1 のようになっている，と考えてください。第 7 章のように効用と便益が一致するのはやや特殊なケースですので，ここではより一般的に，効用水準をもとにして議論します）。

なお，$U_1 = U(\overline{L}\lambda)$，$U_2 = U(\overline{L}(1-\lambda))$ であることに注意してください。図 10.1 において，均衡は $\lambda = 1/2$ のみで，しかもそれは安定的です。なお，ここでの安定性の基準は，第 7 章で説明したものと同じで，均衡から少しずれたときに，効用水準の差に応じた人口移動が，ずれからもとの均衡に戻る方向に生じるかどうか，です。図中ではこの人口移動の方向を矢印で表しています。$\lambda$ が 1/2 より小さければ，地域 1 の効用水準が地域 2 よりも高くなっていますので，地域 2 から 1 へと人々が移動し，$\lambda$ は大きくなると考えられます。逆に，$\lambda$ が 1/2 より大きければ，地域 2 の効用水準が地域 1 よりも高くなり，地域 1 から 2 へと人々が移動し，$\lambda$ は小さくなると考えられます。そのため，$\lambda = 1/2$ が唯一の安定均衡になるのです。この安定均衡では両地域の人口規模が等しくなっています。これは同質な地域を想定しているためですが，このような均衡を対称均衡と呼びます。

## 都市規模の決定──非対称均衡

同質な二地域を想定したモデルでは，対称な人口分布は必ず均衡となります。しかし，それが安定的とは限りません。図 10.2 は対称な人口分布が安定均衡にならない場合を描いています。

図 10.2 の上の図は，集積の経済の効果が常に支配的なケースです。第 7 章の図 7.2 でいえば，総人口がさほど大きくないために，片方の地域に全人口が集まっても集積の経済の効果はまだ逓減せず，集積の不経済の効果は逓増していない状況に該当します。このような場合は，端点解の均衡，つまり，どちらかの地域に人口が完全に集中した状態が安定均衡です。図 10.2 の下の図は，ある人口規模を超えると急激に集積の不経済の効果が顕在化する場合です。こうした場合，均衡は三つ存在します，そのうち安定的なのは $\lambda_a$ と $\lambda_b$ の二つです。これらの二つの安定均衡は対称均衡と全員が片方の地域に集積した均衡の中間に位置するもので，両地域に人は住んでいるものの非対称な状態になって

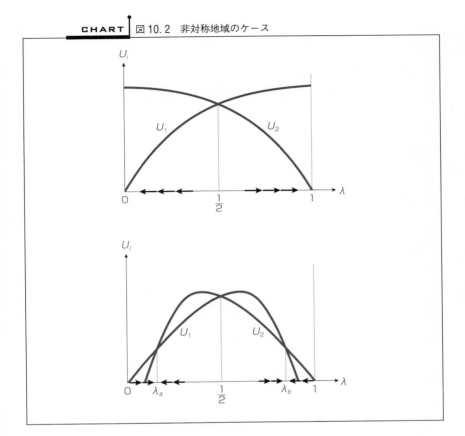

います。

　このように，第7章で紹介した枠組みでも，どのような状態が安定均衡とし
て成立しうるのかは明らかにすることができます。しかし，それがどのような
条件のもとで成立するのかは効用関数，生産関数の形に依存するため，これ以
上のことは何もいえません。そこで，具体的にどのような要因から集積の経済
が発生するのか明示的に想定した上で分析を行うという方向に研究は進んでい
きました。その中で，完全競争だけでなく，さまざまな不完全競争の枠組みも
取り込まれていきました。その中で最も成功を収めたものが独占的競争を用い
た枠組みで，その流れが空間経済学と呼ばれています。なお，空間経済学とい
う言葉をもっと広い意味で使う場合もあります。

集積の経済・不経済のあり方により，どのくらいの集中が生じるのかが決まりますが，それがどういう条件のもとで生じるのかを詳細に分析するのが空間経済学の目的です。

 独占的競争と集積の経済

空間経済学の基礎をなす代表的な枠組みは，国際経済学における**新貿易理論**と都市・地域経済学における**新経済地理学**です。これらの出発点はクルーグマンが提示した独占的競争を用いた貿易モデルで，このモデルに端を発する新貿易理論は，産業内貿易（交易）を表現することを可能にしました。現代において，消費される財には同じカテゴリに属するものでも微妙な差異が存在し，その多様性が社会を豊かにしています。それを支えているのが産業内貿易で，例えば，同じ自動車であっても国内メーカーのものと海外メーカーのものとでは違いがあり，そのため，日本から外国へ車を輸出する一方で，外国から日本へも車が輸出されています。このように同じカテゴリに属するものが相互に輸出されている状況はこれ以前の貿易理論ではうまく表現できていませんでした。クルーグマンは，独占的競争の枠組みを用いることで，こうした産業内貿易を表現できることを示しました（第8章で説明したように，こうした産業内貿易（交易）はクールノー競争でも表現できますが，そのこともクルーグマンらの分析で明らかになりました）。

### 新貿易理論と自国市場効果

典型的な新貿易理論の枠組みでは，工業財部門に注目し，その部門では企業はそれぞれに差別化された財を生産していると考えます。それぞれの財はある程度代替的であるものの差別化されているため，企業は弾力的な需要に直面し，独占的な価格付けを行います。その一方で，財と財とが代替的であるため，新たな企業の参入は既存の企業の財に対する需要を（代替性の程度に応じて）減少させ，企業利潤を押し下げることになります。一般的には企業の参入には固定

費用がかかることをモデルで明示的に考慮しているため，企業収入が固定費用をちょうどまかなえる水準まで企業参入が続くことになります。こうした市場構造は独占的競争と呼ばれています。他方で，財を需要する立場にある消費者は多様な財の消費を好むとされます。このため，企業が増え，消費できる財の種類が増えるほどに高い効用を得ることができます。

　このとき，独占的競争により特徴付けられる（工業）部門を抱えた国（地域）同士が貿易（交易）を開始すると何が起きるでしょうか？ 直接的には，両国（地域）の消費可能な財の種類や供給量が増えるという影響が考えられます。第4章で説明したように，これは，ある所得水準のもとで消費者が達成できる効用水準が高くなることを意味し，貿易（交易）からの利益が生じることになります。さらに，両国（地域）での貿易は，企業や生産活動の分布にも大きな影響を及ぼすことになります。実際，人口規模の異なる二つの国（地域）で，差別化された財が貿易（交易）されるようになり，国（地域）をまたいだ財の輸送には一定の輸送費がかかる一方で，国（地域）内での輸送費は無視できるほど小さい状況を想定すれば，人口規模の大きな国（地域）は，その人口シェアより大きな企業数および生産量シェアを占めることができることが知られており，この結果は**自国市場効果**（Home market effect）と呼ばれています。

　このような理論的帰結の背後には，固定費用が存在することから発生する規模の経済が働いています。固定費用があるため，企業の生産量が増えるほどに平均費用は逓減します。企業が市場規模の大きな国（地域）に立地すると，小さい国（地域）に立地するときと比べて，規模の経済をより享受できるため，規模の大きな国（地域）は人口シェア（市場シェア）を上回る企業シェアを占めることができるのです。

## 新経済地理学と中心‒周辺構造

　クルーグマンは，さらに，新貿易理論の枠組みの中で人口移動が生じるとどうなるのかを考えました。この場合は，典型的には国の中の地域間を想定しているわけですが，EUのように，国の間であっても人口移動が自由であれば，あてはまります。こうした新貿易理論の拡張が新経済地理学と呼ばれる分野につながりました。新貿易理論においては，生産物は地域間を自由に移動できま

**Column❿-2　新・新貿易理論と新・新経済地理学（？）**

新貿易理論は英語で New Trade Theory（略称：NTT），新経済地理学は New Economic Geography（略称：NEG）と呼ばれています（新経済地理学は「地理学」とついていますが，例外的に経済学の分野の一つです）。

近年，企業の個票データを利用して，輸出を行う企業が行わない企業より生産性が高いことを示した実証研究，および，それを理論的に説明するメリッツ・モデルの登場をきっかけに，企業の異質性を考慮した研究の流れが登場しました。メリッツ・モデルは，NTT のモデルに企業の異質性を導入したものであったため，この新しい研究の流れは，新・新貿易理論，英語で New New Trade Theory などと呼ばれています。このネーミングはやや安直な気がしますが，企業の多様性を考慮することで，きわめて現実に即した分析が行えるようになったという点で，重要な流れだと考えられます。

あいにく，これに対応する，新・新経済地理学（？）はまだ登場していません。一つには，このタイプのモデルで人口移動を考慮すると，急にモデルが解きにくくなるという性質があるためかもしれません。しかし，近年，企業ではなく，労働者の側に異質性を導入し，どういうところにどんな人が移り住むのか，いわゆる，ソーティングを分析した研究が登場しています。この流れが広まれば，新・新経済地理学と呼ばれるようになるかもしれません。

したが，生産要素である労働力は移動できませんでした。新経済地理学においては，企業が活動する地域を選択すると同時に，労働者（の一部）も居住する地域を選択できる世界を分析対象にしているのです。

労働者が地域，もしくは国境を越えて移動できるということは，単に生産要素が移動するということ以上の意味を持ちます。労働者が移動すると，必然的に，その人々の購買力も移動することになり，企業にとっての市場の大きさを変化させることになります。その結果，新貿易理論における企業集積よりもはるかに劇的な産業集積が生じうるのです。先に紹介したように，新貿易理論では，人口規模が外生的に異なる地域を想定すると，人口規模の差が市場規模の差を意味するため，規模の大きな地域が，人口シェアより大きな企業シェアを占めることになります。しかし，新経済地理学においては，対称な地域を想定しても，人口分布が内生的に決まるため，市場規模の地域間格差が内生的に発

生し，片方の地域に企業が集積する可能性が発生するのです。この場合，企業集積を抱える地域を中心地域，そうでない地域を周辺地域と呼び，こうした状況を**中心－周辺構造**（Core-periphery structure）と呼びます。

　対称な地域を想定しても中心－周辺構造が発生しうるのは，**前方連関効果**（Forward linkage）と**後方連関効果**（Backward linkage）として知られる二つの効果の相互作用が原因です。前方連関効果とは，労働者が財の種類が豊富で安価な地域を好んで居住する傾向があることで，後方連関効果とは，新貿易理論における自国市場効果に相当するもので，企業が需要の大きい地域に立地する傾向があることです。前方連関効果が労働者を引きつけ，集まった労働者が企業にとって大きな市場をもたらします。それは後方連関効果へとつながり，多くの企業を引きつけ，そこで供給される財の種類を増やし，価格指数を引き下げるのです。さらにこのことが前方連関効果を増強していきます。こうして二つの効果は累積的に相互に作用し，対称な地域間においても強力な集積力を生み出し，中心－周辺構造を生じさせることになります。

POINT

　独占的競争のもとで，地域間交易と人口移動があると，企業活動の活発さが人々を引きつける前方連関効果と，人の多さが企業を引きつける後方連関効果とが働き，中心－周辺構造を生み出す可能性があります。

# ３　輸送費の低下と中心－周辺構造

　では，常に中心－周辺構造が成立しうるのでしょうか？　さまざまな分析の結果，どのような条件のもとで中心－周辺構造が成立するのかはかなり明らかになっています。そのうち，代表的なものが，差別化された財の輸送費が十分に低いことです。輸送費の水準は，前方連関効果と後方連関効果の強さに影響を及ぼすことがわかっています。ここでは，簡単な図を用いてその様子を紹介し，輸送費の低下が集積を引き起こすことを説明しましょう。

CHART 図10.3 前方連関効果と後方連関効果

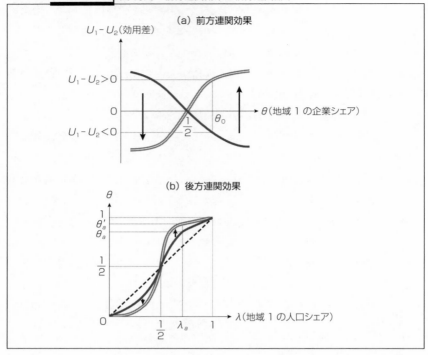

(a) 前方連関効果

$U_1 - U_2$（効用差）

$U_1 - U_2 > 0$

0

$U_1 - U_2 < 0$

$\frac{1}{2}$ $\theta_0$ $\theta$（地域1の企業シェア）

(b) 後方連関効果

$\theta$

1

$\theta_a'$
$\theta_a$

$\frac{1}{2}$

0 $\frac{1}{2}$ $\lambda_a$ 1 $\lambda$（地域1の人口シェア）

## 前方連関効果と輸送費

まず，前方連関効果は労働者が他地域の財を安価に利用できるようになれば弱くなります。そのため，輸送費の低下は前方連関効果を弱めますが，この傾向は逓減していきます。また，移動する労働者の賃金は，輸送費が高い場合は企業が多くいる地域の方が低いのですが，輸送費が低いと企業が多い地域の方が高くなります。これは，輸送費が高いと地域内の需要を企業が奪い合い，その競争から労働者に支払える賃金が低くなる一方で，輸送費が低いと，よその地域への移出により需要を確保できて，支払える賃金が高くなるためです。この二つの効果により，企業分布に対応した地域間の（間接）効用水準は，輸送費が下がるほどに，企業集積を抱える地域の方が高くなります。図10.3の(a)は二地域モデルにおけるその様子を描いています。

横軸は地域1の企業シェア $\theta$，縦軸は効用水準の差 $U_1 - U_2$ を表しており，輸送費の高い場合が実線，輸送費の低い場合が二重線です。輸送費が高いと，地域1の企業シェアが地域2のそれより高い（$\theta > 1/2$）場合，例えば，$\theta = \theta_0$ の場合に，地域1の効用が地域2の効用より低くなっています。もちろん，企業シェアが半々（1/2）の場合は，両地域の効用は等しくなります。輸送費が低くなると，矢印の方向に変化し，企業シェアの高い地域で効用が高くなります。こうした効用の差に応じて人々は移動する，と考えておきましょう。

　一方，企業や産業の集積をもたらす後方連関効果（自国市場効果）は，輸送費用の低下によってより強く働くことになり，市場規模の大きな地域へのいっそうの集積を促すことが知られています。この様子を図10.3の（b）に描いています。この図で横軸は地域1の人口シェア $\lambda$，縦軸は地域1の企業シェア $\theta$ です。点線は45度線です。人口シェアが半々（1/2）ならば，当然，企業シェアも半々（1/2）ですが，人口シェアが半々より多いと，それを上回る企業シェアを獲得します。輸送費の低下は，矢印のように，この曲線をより極端な方向に変化させ，人口シェアの高い地域が，より多くの企業シェアを獲得するようになります。

## ┃ 後方連関効果と輸送費 ┃

　輸送費と後方連関効果との関係は，次のように説明できます。輸送費の水準は，二地域間の市場の分断の程度を表しています。このとき，地域間輸送に費用がかかるもとで，市場規模の小さな地域（ここでは，地域2が小さな地域であるとしておきましょう）に立地することは二つの意味を持っています。第一に，市場規模の大きな地域1での売上から得られる利潤が小さくなること，第二に，地域1に立地する多数の企業との競争を回避できることです。前者は規模の大きな地域へ企業を集める要因となり，後者は規模の大きな地域から企業を逃避させる要因となります。輸送費用が高い場合には，後者の効果が前者の効果より相対的に大きく，企業立地は分散する傾向にあります。しかし，輸送費用が低下すると，地域1に立地する企業からの移出が増え，地域2の地域内市場でも競争は激しくなっていきます。さらに，地域2から地域1への移出においても，もともと多数存在する地域1の企業との競争が激しいため，輸送費用の低

下が移出からの利益を増やしてくれません。結果として，輸送費用の低下とともに，後者の効果は前者の効果に比べて相対的に大きくなり，市場規模の大きな地域1への集積が加速するのです。

図10.3の二つのグラフに表現されているように，輸送費が高いと，人口シェアの大きな地域に企業は集まるものの，そこでの効用が他地域より低くなるため，人口流出圧力が働くことになります。そのため，人口分布は均等化し，中心−周辺構造は生じません。ところが，輸送費が低いと，人口が多く企業が集まった地域の方が効用が高くなりますので，そこへのさらなる人口流入圧力が働きます。こうして，前方連関効果と後方連関効果の累積的なプロセスが可能になり，中心−周辺構造が生じることになるのです。

**POINT**

> 輸送費の低下は，前方連関効果，後方連関効果を強め，中心−周辺構造を生じやすくする主要な要因の一つと考えられています。

# 4 定量化可能な空間経済学

近年，空間経済学の枠組みを用いて実際の人口や企業の分布を再現してシミュレーションによる分析を行う，**定量化可能な空間経済学**（QSE: Quantitative Spatial Economics）と呼ばれる領域が現れました。その特徴は，実際の様子をまずシミュレーションモデルで再現し，政策などの変化がもし生じたとしたらどのような影響が起きるのかをそのシミュレーションモデルを用いて定量化する，いわゆる反実仮想分析を行うことにあります。実証分析では，実際に政策が実行され，変化前と変化後のデータが利用できなければ，その政策の効果を識別することができませんが，モデルの力を借りることで，実際には政策は実行されていないが，もしされたらどうなるかを分析することができます。

図10.4はその一例です。総務省「通信利用動向調査」によると，企業などに勤務する15歳以上で過去1年間にインターネットを利用している人を対象にテレワーク実施の有無を尋ねたところ，回答者に占めるテレワークをしたことがある人の割合は，日本全体で2021年には22.68%だったそうです。これ

図10.4 20% 通勤頻度減少による勤務地人口および居住地人口の変化（千人）

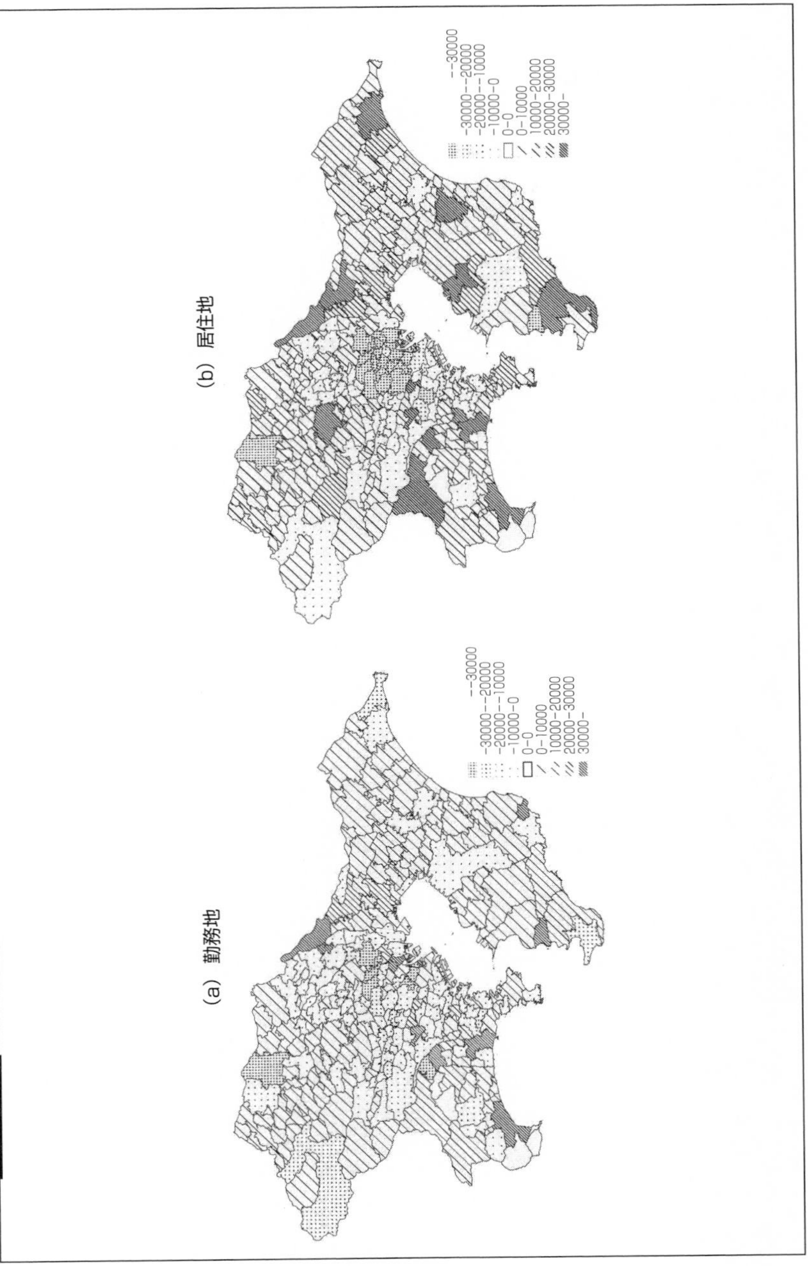

(a) 勤務地

(b) 居住地

が直ちに通勤を有意に減らしてくれるかは未知数ですが，仮にテレワーク導入が通勤頻度の減少に直結したとしたらどんな影響が考えられるでしょうか。図10.4は，簡単なQSEモデルを用いて，このようなテレワーク導入による通勤負担の軽減が南関東の人々の居住地や勤務地にどう影響するかを分析した結果です。

ここではテレワークにより通勤頻度が20%減ったら，各市区町村で働く人および住む人の人数がどの程度変化するかを2020年の国勢調査のデータを使いながら求めています。範囲を南関東（東京都，神奈川県，千葉県，埼玉県）に限定していますので，端のほう（例えば埼玉県の群馬県との境界付近など）は，本来はその外側との人の行き来があるはずで，それが分析に入っていませんので，参考程度の結果だと思ってください。中心部の変化はより信頼できるものですので，そこを見ると，居住地人口は東京都都心で減り，勤務地人口は都心のごく限られた区への集中と郊外化が同時に進んでいます。テレワークの普及により居住地は郊外化し，ビジネス街はそれとともに郊外化すると同時に一部は変化前よりもさらに都心の中心部に集約されています。こうしたビジネス街の中心へのさらなる集中という結果は，アメリカのロサンゼルス大都市圏についての研究結果とも整合的です。このように，モデルの力を借りることでさまざまな定量的分析が可能になってきています。

**POINT**

空間経済学の理論を実際にデータとつなげて分析する領域が定量化可能な空間経済学です。

#  空間経済学と都市・地域経済学

この空間経済学の枠組みは，これまでに紹介した都市・地域経済学のさまざまな話題にも適用されてきました。例えば，第3章で説明した人口移動の実証研究で用いられる重力モデルは，空間経済学の理論モデルから導き出されることが知られています。また，第6章で紹介した伝統的な単一中心都市モデルで仮定されていたように，企業活動が都心に集中する，つまり，ただ一つの中心

業務地区が存在することがどのような条件のもとで可能になるか，といったことも分析されました。こうした分析は，伝統的な単一中心都市モデルを否定するものではなく，むしろ，どのような場合にそれが適用可能かを明示してくれる，つまり，伝統的な議論を補完してくれるもの，と考えられています。さらに，都市集積の経済成長への影響も分析されてきました。国の経済成長が大都市への集積を促すことはよく知られていますが，逆に大都市への集積が経済成長の原動力になっていることも十分ありえます。こうした相互作用がどのような場合に発揮されるのかも理論的に明らかになっています。空間経済学の枠組みは，第9章で紹介した空間競争にも応用されています。消費者の需要が弾力的な場合，チェーン店のような複数店舗の立地，企業数が増え完全競争に近づく場合，企業が立地点ごとに価格差別する場合，数量や多様性といった戦略を用いて競争する場合，財に異質性がある場合などが代表例です。そして，第12章で説明する地域経済政策についても空間経済学は興味深い結果を生み出しており，示唆に富んでいます。このように，空間経済学は，独立した名前で呼ばれながらも，伝統的な都市・地域経済学と相容れないのではなく，むしろ，補完し合いながら発展してきました。その一方で，都市・地域経済学の枠に収まりきらない広がりを持っています。こうした特徴が空間経済学をややとらえにくくしているのですが，同時に大きな可能性を生み出していると考えられます。

POINT

　空間経済学の議論は，伝統的な都市・地域経済学の議論と対立するものではなく，むしろそれを補完してきました。

EXERCISE ●練習問題

① 中心−周辺構造の例と考えられるものを探してみましょう。
② 完全競争のもとでは，後方連関効果は生み出される可能性があるでしょうか？

―CHAPTER―

第 **11** 章

# 交通サービス

## 混雑の何がはた迷惑？

　これまでに，都市の中での通勤や，地域間交易における財の輸送費用が，都市・地域経済を理解する上で重要であることを見てきました。その際，できる限りの単純化をして扱ってきました。しかし，実際には，通勤や輸送に用いる手段もさまざまですし，それならではの問題もあることが知られています。代表的な例は混雑や渋滞です。大都市圏に住んでいる方なら，通勤や通学時に電車の混雑がものすごいことは見聞きしているでしょう。著者も学生時代に経験しましたが，首都圏のラッシュ時の混雑する電車では，疲弊せずに乗車するために一種独特の技能が要求されるといっても過言ではありません。お盆やお正月の帰省ラッシュの際には，高速道路の渋滞状況がしきりにテレビで報道されます。慣れれば通勤・通学電車でも本や新聞を読めますし，帰省ラッシュの渋滞でも退屈せずに過ごせるかもしれません。しかし，ほとんどの人ができれば混雑や渋滞はない方がよいと考えているのではないでしょうか。

　この章では，通勤や通学，財の輸送などをまとめて交通サービスと呼び，その特徴と起こりうる問題について考えてみましょう。特に，混雑や渋滞といった現象がなぜ個人的にだけでなく社会的にも問題視されるのか，そして，その解決法としてどのような手段がありうるのかについて，詳しく説明します。

┌─────────────────────────────────────────────┐
│ **Column ⓫-1　帰省ラッシュ**
└─────────────────────────────────────────────┘

　毎年，お盆や正月の帰省ラッシュの時期には，どれだけ渋滞や混雑が生じているか新聞やニュースで報道されます（例えば 2023 年 1 月 3 日『読売新聞オンライン』https://www.yomiuri.co.jp/national/20230103-OYT1T50128/，2023 年 9 月 20 日最終確認）。毎年繰り返されながら，一向に解消される兆しがないのを見ていると，混雑に巻き込まれている人は，むしろそれを楽しんでいるのでは，という気すらしてしまいます。仕事の都合で移動する場合は，渋滞や混雑で余計な時間がかかることは，ほぼ間違いなく迷惑です。しかし，休暇で移動する場合は，少しくらい賑やかな方が気持ちが盛り上がる，ということもあるのかもしれません。

　この章での議論は，こうした賑やかさによるプラスの効果より，窮屈であることや余計な時間がかかることのマイナスの効果の方が深刻である，という立場をとっています。すべての移動についてこうした立場に賛同できるかどうかは人によるかもしれませんが，少なくとも日常的な，通勤や通学などの移動に関する限りは，納得してもらえるのではないでしょうか。

大渋滞する高速道路

# 1　交通サービスの特徴

## ┃ 無 形 財 ┃

　交通サービスについて，まず特徴的なのが，生産と消費が同時になされなければならない，という点です。こうした財・サービスは**無形財**とか**即時財**とか呼ばれますが，在庫を確保しておくことができません。消費の増減に合わせて

在庫を調整することができないのです。例えば，道路であれば，いったん造ってしまうと，渋滞時だけ道路を広げる，といった調整はできません。広く造りすぎてしまうと，渋滞は発生しないかもしれませんが，普段はガラガラに空いた道路になってしまいます。このように，供給量の柔軟な調整ができないため，渋滞を回避しようとすると，需要量をコントロールする必要が出てきます。そこで，後に詳しく説明するように，利用者の多い時間だけ料金を高く設定する，混雑料金といった手段が登場するのです。

## 派生需要

次の特徴が，交通サービスには，本来の目的が別に存在することが多い，という点です。もちろん，車を運転すること自体が楽しく，目的地を設定せずにドライブする人もいるでしょうし，電車に乗ること自体が目的で，ひたすら電車に乗り続ける旅行を好む人もいるでしょう。しかし，通勤や通学，そして，目的地のある旅行，そして，財やサービスの輸送のように，目的が定まったことから交通サービスへの需要が生じることの方が多いのではないでしょうか。このように，本来の目的は別にあり，そこから発生する需要は，**派生需要**と呼ばれています。それに対して，本来の目的のための需要を**本源的需要**と呼びます。派生需要の場合，交通サービスに直結していなくとも，本来の目的に関わる変化が生じると，交通サービスへの需要が大きく変わることがあります。例えば，交通網にはいっさいの変化がなくとも，ある場所にショッピングセンターができると，そこへの道に渋滞が発生したりします。そのため，交通に関わる政策決定に際しては，交通網そのものの状況だけでなく，それを取り巻く状況の変化，例えば，中心業務地区のような雇用の中心がどこにあり，どこかに動く見通しがあるのか，また，商業施設の出店計画はあるのか，といったことを考慮する必要があります。

## 経路選択

そして，ある目的を達成する際に，複数ある経路や交通手段の間での選択が可能である，という点も特徴的です。これは，きわめて代替的な財があることが多い，ということです。同じ目的地へ向かうにしても，電車で行くこともで

きるし，バスでも行けるかもしれません。また，自家用車で行くことも可能かもしれません。すると，どの手段が自分にとって最もよいのかについて選択することになるわけです。目的地が固定されている限り，複数の移動手段が提供する交通サービスはきわめて代替的になり，次に説明する時間費用も含めた全体の費用の少しでも安い方が利用されることになります。

## 一般化費用

最後に，移動や輸送の手段であるため，それに必要な時間が重要になるという点です。そのため，例えば，電車での移動であれば，乗車券代（と特急券代など）に，かかった時間の費用を加えて，全体の費用を考慮する必要があるのです。こうした全体の費用を交通サービスの**一般化費用**と呼びます。ここで，時間の費用は，かかった時間の機会費用，すなわち，その時間を他の活動に費やしたときに得られる便益の最も大きいものを考えています。出発地から目的地への移動や輸送を**トリップ**と呼びますが，このトリップの一般化費用に注目するのです。

**POINT**

交通サービスの特徴として，無形財，派生需要であること，複数の代替的な経路や手段があること，そして，時間費用も含めた一般化費用を考える必要があることなどが挙げられます。

# 2 日本の交通サービス

## 日本の移動の特徴

では，日本の移動や輸送の様子はどのようになっているでしょうか？ どのような手段が最もよく使われているのでしょうか？ **表 11.1** は，日本国内の移動（旅客輸送）の規模とその手段をまとめたものです。

この表では，輸送人キロ，つまり，何人が何キロ移動したか，を掛け合わせたもので規模を測っていますが，1955 年から 2009 年までの 50 年で 8 倍以上になっています（2010 年からは自家用乗用車などが除外されたため，2009 年までと

| 年 | 輸送人キロ 計（百万人キロ） | 割合（%） | | | |
|---|---|---|---|---|---|
| | | 自動車 | 鉄道 | 旅客船 | 航空 |
| 1975 | 710,711 | 50.8 | 45.5 | 1.0 | 2.7 |
| 1985 | 858,214 | 57.0 | 38.5 | 0.7 | 3.8 |
| 1995 | 1,388,124 | 66.1 | 28.8 | 0.4 | 4.7 |
| 2005 | 1,411,479 | 66.1 | 27.7 | 0.3 | 5.9 |
| 2009 | 1,370,762 | 65.6 | 28.7 | 0.2 | 5.5 |
| 2009 | 553,401 | 14.7 | 71.2 | 0.6 | 13.6 |
| 2010 | 547,897 | 14.2 | 71.8 | 0.5 | 13.5 |
| 2015 | 590,284 | 11.8 | 72.5 | 0.5 | 15.2 |
| 2018 | 611,250 | 11.5 | 72.3 | 0.5 | 15.6 |

（注）　2010年以降自動車から自家用乗用車・軽自動車が除外された。
（出典）　国土交通省「交通関連統計資料」https://www.mlit.go.jp/
k-toukei/kotsukanrensiryo.html, 2023年9月20日最終確認。

2010年以降では単純に比較できなくなってしまいました。ただし，2009年については除外前と後の両方の数字が掲載されていますので，それを手掛かりにした比較は可能です）。それだけ移動が活発になったわけです。さらに，その移動にどのような手段が用いられたかを割合で示しています。これを見ると，過去数十年の間に，鉄道のシェアが下がり，自動車と飛行機のシェア，特に自動車のシェアが上がっていることがわかります。船のシェアも下がっていますが，もともとさほど高かったわけではありませんので，大きな変化としては，鉄道から自動車へのシフトが生じたと考えてよいでしょう。

## 大都市部の移動の特徴

　日本全体としては自動車による移動がメインになっているわけですが，大都市圏では必ずしもそうとは限りません。例えば，**表11.2**は三大都市圏の移動（これは輸送人員，つまり，人数だけです）がどのような手段で行われたかを示しています。

　ここでの三大都市圏は，これまでの定義と少々異なりますが，それぞれ，東京駅，名古屋駅，大阪駅を中心に，半径数十キロの円を描き，その内側の範囲を都市圏と考えて，交通圏と呼んでいます。こうした大都市圏の中ですら，だ

**CHART** 表11.2 三大都市圏内輸送機関別輸送人員 (2009年)

| | 輸送人員 計（百万人） | 主要手段の割合（%） | | | | | |
|---|---|---|---|---|---|---|---|
| | | JR | 民鉄 | 地下鉄 | バス | ハイヤー タクシー | 自家用 乗用車 |
| 首都交通圏 | 24,393 | 22.9 | 22.8 | 13.8 | 6.0 | 2.4 | 31.9 |
| 中京交通圏 | 5,116 | 4.6 | 8.7 | 8.2 | 3.3 | 1.7 | 73.4 |
| 京阪神交通圏 | 9,233 | 14.6 | 22.5 | 11.3 | 6.6 | 2.9 | 41.8 |

（注）　首都交通圏は東京駅中心半径50 km，中京交通圏は名古屋駅中心半径40 km，京阪神
　　　　交通圏は大阪駅中心半径50 kmの範囲。
（出典）　総務省「第65回日本統計年鑑　平成28年」。

**CHART** 表11.3　貨物輸送の規模とその手段

| 年 | 輸送トンキロ 計（百万トンキロ） | 割合（%） | | | |
|---|---|---|---|---|---|
| | | 自動車 | 鉄　道 | 内航海運 | 航　空 |
| 1975 | 360,490 | 36.0 | 13.1 | 50.9 | 0.0 |
| 1985 | 434,160 | 47.4 | 5.1 | 47.4 | 0.1 |
| 1995 | 559,002 | 52.7 | 4.5 | 42.6 | 0.2 |
| 2005 | 570,443 | 58.7 | 4.0 | 37.1 | 0.2 |
| 2015 | 407,272 | 50.2 | 5.3 | 44.3 | 0.3 |
| 2018 | 409,902 | 51.3 | 4.7 | 43.7 | 0.2 |

（出典）　国土交通省「交通関連統計資料」https://www.mlit.go.jp/k-toukei/kotsu
　　　　kanrensiryo.html, 2023年9月20日最終確認。

いぶ様子が異なります。東京では，鉄道のシェアが高いのが特徴的で，実に6割近くの移動が電車で行われています。これに対して，名古屋では7割以上が自動車による移動で，これは日本全体よりも高いくらいです。大阪はその二つの中間です。

## 日本の輸送の特徴

　では，輸送はどの手段が最も使われているでしょうか？　**表11.3** は貨物輸送の規模とその手段を示しています。

　ここでは**表11.1**と同様に，輸送量と輸送距離を掛け合わせた，輸送トンキロで規模を測っています。1955年から2005年までの50年間で，貨物輸送の規模は約7倍に増えましたが，その後は若干減っています。また，ここでも自

動車のシェアが上がっていることが確認できます。移動の場合と比べると，1960〜70年代には鉄道ではなく船が主要な輸送手段だったのが大きな違いです。しかし，やはり時代とともにシェアを下げ，自動車に主要手段の座を奪われています。移動と輸送とをまとめると，日本の交通サービスの主力が自動車になってきたのが近年の大きな傾向といえそうです。

POINT

地域差はありますが，日本の交通サービスの主力は自動車になってきています。

# 3 派生需要としての交通需要

　交通需要にはいくつか特徴があると説明しましたが，そのうちの一つとして，本来の目的から派生した，派生需要であることが多いということをもう少し突っ込んで考えてみましょう。本源的需要から派生する場合，通常の需要と同じように扱ってもよいものでしょうか。後の節でグラフを用いて混雑の影響を分析しますので，その準備として，ここでは，派生需要としての交通需要がどのようにグラフで表現できるかを考察しておきます。

　今，ある財がA地点で生産されてB地点まで輸送され，そこで消費されているとしましょう。この財の生産地から消費地への輸送から派生する交通需要はどのようにグラフ化すればよいでしょうか。表記を簡単にするため，この財をA地点からB地点に1単位輸送するためには交通サービスが1トリップ必要であるとしておきます。ここで，この財の需要曲線が図11.1の右下がりの直線 $D_0$ で，輸送費込みの供給曲線が右上がりの直線 $S_1$ で表されるとします。さらに，輸送費を除いた（輸送費が仮にいっさいかからないとした場合の）供給曲線が $S_0$ のように描けるとします。

　このグラフでは，縦軸が価格 $P$ を，横軸が財の需要量 $Q$ を表しますが，財1単位運ぶのに交通サービスが1トリップ必要ですので，横軸はトリップ数も表します。ここで，ある $Q$ に対する $D_0$ と $S_0$ との垂直方向の距離は，$Q$ 単位の財を輸送するため（$Q$ 単位のトリップに）に払ってもよいと消費者が考える額

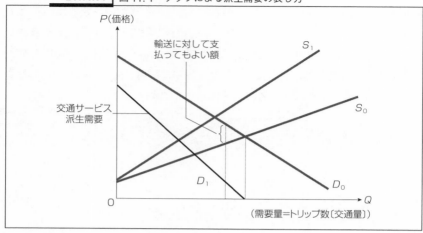

P（価格）

輸送に対して支払ってもよい額

$S_1$

$S_0$

交通サービス
派生需要

}

$D_1$

$D_0$

O

Q

（需要量＝トリップ数〔交通量〕）

とみなせます。この対応関係を派生需要と考えるのです。すると，この差額を取り出して描いた右下がりの二重線 $D_1$ が交通サービスの派生需要を表すことになります。

　このように，派生需要という特殊な性質であったとしても，いわゆる右下がりの需要曲線で表すことができて，通常の需要曲線と同じように，交通サービスの需要量（トリップ数）と，それに対して支払ってもよい額を対応させることができるのです。以上を踏まえて，以下では，もう一つの特徴である無形財（即時財）であることが引き起こす問題，混雑の分析をしてみましょう。

POINT

　　派生需要としての交通サービス需要も通常の需要曲線と同じようにグラフで表すことができます。

## 4　混雑の影響と混雑料金

　移動や輸送の主要な手段が自動車であれば，それにまつわる問題は簡単にイメージしてもらえると思いますが，交通サービスを考える上で最も基本的な問題は，渋滞や混雑です。こうした現象がなぜ社会的に問題になるのでしょうか？　一言でいうと，こうした現象には外部性がつきものだからです。例えば，

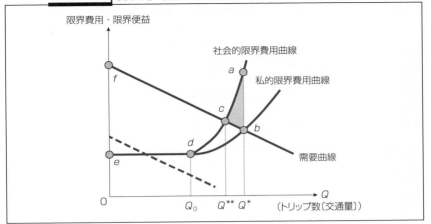

限界費用・限界便益

社会的限界費用曲線

私的限界費用曲線

需要曲線

$O$　　　$Q_0$　$Q^{**}$ $Q^*$　（トリップ数〔交通量〕）

$Q$

車で高速を走っていて渋滞に巻き込まれるときを考えましょう。渋滞の列に加わるとき，私たちは，「この列に並ぶと時間がかかりそうだなあ」ということは必ず意識します。しかし，自分が加わることによって，列が長くなり，他の人が渋滞に巻き込まれる時間を延ばしてしまうことは意識しません。また，満員電車に乗るとき，「混んでいていやだなあ」とは考えますが，自分が乗ることで混雑を激化させ，他の人を圧迫することはさほど考えずに乗り込みます。これらの，他の人へのダメージが外部性なのです。通常，よくない外部性のことを外部不経済，もしくは負の外部性と呼びますが，渋滞や混雑は外部不経済を引き起こすのです。

### 私的限界費用と社会的限界費用

では，混雑による外部不経済が，どのように問題を引き起こすのかを図で確認してみましょう。図11.2では，トリップの限界費用曲線と需要曲線を描いています。

図11.2では，横軸にトリップ数$Q$を，縦軸に限界費用と限界便益をとっています。トリップ数は交通量と考えてください。ここでは，トリップ数が少なければ渋滞や混雑を引き起こさず，限界費用は一定である状況を考えています。トリップ数が多くなり，$Q_0$を越えると，渋滞や混雑が発生して，限界費用が上がり始めます。しかし，先ほど説明した外部不経済のため，自分のことだけ

を考えた限界費用と，他の人への影響も考えた限界費用との間に乖離が生じてしまいます。図11.2の右上がりの二本の実線はそれを表しています。自分のことだけを考えた限界費用のことを私的限界費用，他の人への影響も考えた限界費用を社会的限界費用と呼びます。社会的限界費用と私的限界費用との垂直方向の距離は，外部不経済による限界費用を表しています。式で表すと，

社会的限界費用＝私的限界費用＋渋滞・混雑による外部不経済の限界費用

のようになります。一方で，トリップの需要曲線は，トリップの限界便益を表しており，こちらは，外部性がありませんので，個人の限界便益と社会的なそれは一致して，両方とも右下がりの線で表されます。

## ▐ 混雑の外部不経済による厚生の損失 ▐

市場では，図11.2の需要曲線と私的限界費用曲線とが交わる点でトリップ数が決まりますので，もし需要がさほどなく，右下がりの点線の位置にあるのであれば，市場で決まるトリップ数は渋滞や混雑が始まる $Q_0$ より小さく，何の問題もありません。しかし，需要が大きく，右下がりの実線の位置にあると，$Q^*$ という交通量が実現します。すると，市場で決まるトリップ数は $Q_0$ より大きく，渋滞や混雑が発生してしまいます。このとき，このトリップから得られる消費者の便益は $fbQ^*0$ で囲まれた面積で表されます。また，個人が認識する費用は $ebQ^*0$ で囲まれた面積ですが，これには外部不経済による費用は入っていません。それも考慮した場合の社会的な費用は $eaQ^*0$ で囲まれた面積です。したがって，社会的余剰は，$fbQ^*0$ で囲まれた面積から $eaQ^*0$ で囲まれた面積を差し引いたもの，つまり，$fcde$ で囲まれた面積から $abc$ で囲まれた面積を引いたものになります（$cbd$ で囲まれた面積は相殺されることに注意してください）。

ここで，もし，それぞれの人が，外部不経済の費用も認識してトリップ数を決めていれば，需要曲線と社会的限界費用曲線が交わるところでトリップ数が決まりますので，$Q^{**}$ という交通量が実現したはずです。すると，社会的余剰は $fcde$ で囲まれた面積で与えられ，私的限界費用に基づいて決まる場合に比べると，$abc$ で囲まれた面積の分だけ余剰は大きくなります。言い換えると，

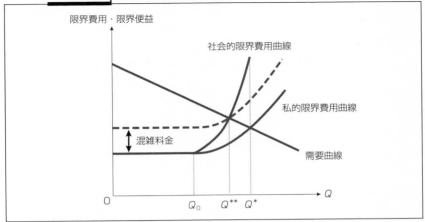

限界費用・限界便益

社会的限界費用曲線

私的限界費用曲線

混雑料金

需要曲線

O　　　　　　$Q_0$　$Q^{**}$　$Q^*$　　　$Q$

外部不経済があると，$abc$ で囲まれた面積，つまり，**図 11.2** で影をつけた部分の面積だけ，厚生の損失が生じるのです。これが，渋滞や混雑が，単に個人の問題であるだけでなく，社会にとって問題である理由です。

### 混雑料金による解決

では，この損失を回避する方法はないのでしょうか？　最も代表的な解決策は，**混雑料金**の導入です。渋滞の起きている道路を利用する人から混雑に見合った料金を徴収するのです。このときの徴収額は，最適なトリップ数 $Q^{**}$ における，社会的限界費用と私的限界費用の差額で決まります。**図 11.3** の私的限界費用曲線のシフト幅に相当する額が最適な混雑料金です。

混雑料金を課すことで，私的限界費用を上方にシフトさせ，利用者の選ぶトリップ数を $Q^{**}$ へと誘導しよう，という発想です。当然，こうした混雑料金の導入により，利用者の便益は減少しますが，それを上回る料金収入があるため，その料金収入を適切に使用すれば全体としては厚生を改善できるのです。特に，混雑料金収入を，道路整備など渋滞・混雑緩和のために利用すると，長い目で見れば利用者の便益低下を補うことができ，一定の条件下では，道路など交通網の容量と交通量の両方について最適な状態を達成できることが知られています。ただし，**図 11.2**，**図 11.3** の最適なトリップ数 $Q^{**}$ では，混雑がまったく起きていないわけではない点に注意してください。トリップに対する限界便益

**Column⑪-2　外部性を内部化する？**

　混雑料金の考え方は，利用者が混雑の効果を考慮しないのであれば，外からそれに見合った追加料金を課して，その効果を意識してもらおう，というものです。このように，外部性が存在するときに，その効果に見合った税や料金を徴収したり，補助金を与えることで外部性による厚生の損失を回復させることを，外部性を内部化する，といいます。

　外部性による厚生の損失を避けるためには，外部性を生み出す行動を直接規制してもよいのですが，それだと，その行動を逐一見張っておく必要があります。一方で，高速道路利用のように料金が徴収できる，つまり，その行動に価格付けができるのであれば，その価格を操作して，各々の利用者自身に行動を調節してもらった方が，行動を見張るよりはるかに実行が簡単です。こうした点からも，外部性の内部化という考え方は重視されています。

の水準によっては，ある程度の混雑は許容した方がよい場合もあるのです。

　しかし，実際に混雑料金を課す上で，さまざまな問題が生じることもわかっています。例えば，混雑料金収入を利用者のために使うとしても，利用者が一様に便益を回復できるとは限りません。すると，一時的にせよ便益の減る利用者からは反対されるでしょう。また，最適な混雑料金を求めることも簡単ではありません。こうした理由から，いきなり最適な混雑料金を課すことは現実的ではないといわざるをえません。実際には，徐々にできる範囲で少しずつ混雑料金を導入するという方法がとられています。こうした実例としては，シンガポールで採用された，エリア・ライセンスシステムが有名です。これは，ライセンスを購入しなければ，決められた地域へ車両が進入できないようにする，という制度です。以前は進入許可証をフロントガラスなどに貼付するという方式をとっていましたが，技術の進展により，日本のETCに相当する形式で課金される方式になっています。同様の制度は北欧諸国でも見られますが，世界的に事例が多いとはいえません。鉄道については，ラッシュ時以外の時間だけ使える時差回数券が導入されていたりします。このように，特定の時間に混雑が生じるため，その時間だけ料金を徴収する，もしくは，それ以外の時間の料金を下げるような形で混雑料金が導入されることもあります。

# 5　経路選択と混雑

　交通サービスについては，経路の選択が混雑に関わる問題をややこしくすることもあります。今，地点Ａから地点Ｂに向かう経路が①と②の二つあるとします。経路①は混雑がなければ費用が安くすみますが，道が細いため，すぐに混雑が生じてしまいます。一方，経路②は，高速道路のように，入り口まで行くのに少し時間がかかるため，混雑がなくてもある程度費用がかかりますが，道が広くて混雑が生じにくいとします。地点ＡとＢとの間の総トリップ数が決まっていて（通勤などを想像してください。仕事に行くのに混雑しているから行かない，というのは許されませんし，毎日同じような人数が通うことになります），そのトリップ数を $\overline{Q}$ とします。次ページの**図11.4**はこの２地点間トリップにおける経路の利用状況と，そこから発生する費用の様子を描いています。

　グラフの横軸の幅で総トリップ数 $\overline{Q}$ を表し，横軸の左端からの長さで経路①のトリップ数を，右端からの長さで経路②のトリップ数を表しています。そのため，横軸上に点をとるとその点より左側の長さが経路①のトリップ数を，その点より右側の長さが経路②のトリップ数となります。また，それぞれの経路を利用するトリップ数によって，社会的限界費用と私的限界費用が決まります。グラフでは，太い直線で社会的限界費用を，細い直線で私的限界費用を描いています（図を簡単にするためにそれぞれの費用を直線で描いていますが，**図11.2**や**図11.3**のように混雑が生じない範囲を設けて曲線で描いても結論は変わりません）。線の色が濃い方が経路①の費用で，薄い方が経路②の費用です。

　消費者は安く移動できる経路を選択しますので，このグラフにおいては，私的限界費用の交点で経路利用は決まります。そのときのトリップ数が点 $E^*$ で表されています。一方，費用が全体として最も小さくなる最適なトリップ数は，社会的限界費用の交点で決まる経路利用です。そのもとでのトリップ数は点

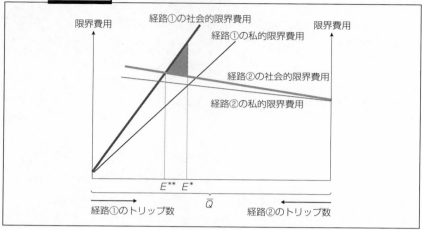

CHART 図11.4 経路選択と混雑

$E^{**}$ で表されています。総トリップ数が一定ですので，消費者がトリップから得る便益は一定であることに注意してください。点 $E^*$ を点 $E^{**}$ と比べると，最適なトリップ数に比べて，経路①を利用するトリップ数が多くなりすぎることがわかります。混雑の外部不経済の効果が考慮されないため，混雑のひどい経路が過度に利用されてしまうのです。この時の社会厚生の損失は図の斜線のついた三角形の面積で表されます。このように，経路選択そのものが混雑の問題を引き起こすことがあるのです。

POINT

目的地へ向かう経路が複数あると，経路選択が厚生の損失を生じさせてしまう可能性があります。

EXERCISE ●練習問題

① どのような場合に交通需要は本源的需要とみなせるでしょうか。また，どのような場合に派生需要とみなせるでしょうか。身近な例で考えてみましょう。

② 身近な渋滞の事例を探して，その解決策を考えてみましょう。

③ 需要曲線の傾きが緩やかなときと急なときのどちらが，混雑による厚生の損失は深刻でしょうか？

## —CHAPTER—

第 **12** 章

# 地方政府の役割

## 困ったときは政府頼み？

　日々の暮らしの中で，私たちに最も身近な政府は，自分の暮らす地域の地方政府ではないでしょうか。例えば，引っ越したときに，また，子供ができたときに，届け出るために市役所や区役所に行きます。また，会社や学校の手続きに地方政府が発行する住民票が必要になることもあるでしょう。こうした地方政府は，住んでいる人々の住所などを管理するだけの存在なのでしょうか？もちろん，違います。住民税や固定資産税などの，地方政府独自の財源を持ち，その地域に必要な公的な支出を行っています。また，地方政府といっても，都道府県と市区町村とがあり，階層構造をなしています。こうした各階層の地方政府は，どのように違うのでしょうか？

　ここでは，まず，日本の地方政府の様子を概観します。その上で，地方政府の行動を分析してみましょう。地方政府の地方公共財が適切に供給されるためにはどのような条件が必要なのか，また，どのような場合に，住民のことを考えているはずの地方政府の行動に問題が生じるのか，といった事柄についての分析例を紹介します。もちろん，現実には地方政府が住民のことを考えているとは限らない，といった批判もあるでしょう。ここで紹介する結果は，住民のことを考えている地方政府であっても，望ましくない結果を引き起こす可能性があることを指摘したもの，と評価してください。

### Column ⑫-1　住みよさランキング

どの街に住むのがよいのか，といったことは，私たちの暮らしに直結した問題です。この問題に多くの人が興味を持っていることは，ランキングが作成されていることからもわかります。例えば，東洋経済は全国の市を対象に「住みよさランキング」を公表していますが，2022 年は東京都武蔵野市がトップで，2 位が福井県福井市，3 位が石川県野々市市だったそうです（2022 年 6 月 13 日「東洋経済オンライン」https://toyokeizai.net/articles/-/595401，2023 年 9 月 20 日最終確認）。

こうしたランキングを作成する際に考慮される指標のいくつかは，地方政府が提供するサービスに密接に関連しています。例えば，「住みよさランキング」では，「公共下水道・合併浄化槽普及率」や「都市公園面積（人口当たり）」，そして，「財政力指数」などが考慮されています。つまり，地方政府の活動が，私たちの暮らしやすさを左右する，と考えられているのです。この章で取り上げる，地方公共財の供給は，こうした地方政府の活動を念頭においています。

JR 吉祥寺駅北口のロータリー（東京都武蔵野市）

# 1　日本の地方政府の概要

近年の地方政府に関わる動きの中で，最も大きなものは，合併による市町村数の変化です。2003（平成 15）年には 3000 を超えていた市町村数が，合併に

表 12.1　地方政府の主な歳入（令和 3 年度）

| 歳入の主な内訳（%） | | | 地方税の主な内訳（%） | | | |
|---|---|---|---|---|---|---|
| 区　分 | 都道府県 | 市町村 | 区　分 | 都道府県 | 区　分 | 市町村 |
| 地方税 | 40.7 | 33.4 | 都道府県民税 | 30.9 | 市町村民税 | 46.9 |
| 地方交付税 | 17.0 | 13.2 | 事業税 | 25.1 | 固定資産税 | 40.6 |
| 国庫支出金 | 11.7 | 16.1 | 地方消費税 | 26.1 | | |
| 地方債 | 11.0 | 8.6 | 自動車税 | 8.7 | | |

（出典）『令和 3 年版　地方財政白書』。

より，2006（平成 18）年には 1820 になり，2023（令和 5）年 8 月時点では 1718 となっています。合併により規模が大きくなったところでは，予算を集約させることで，より効果的な予算編成が可能になりました。地方政府の予算規模は，全体では国家予算より若干大きく，都道府県全体と市町村全体とでは，だいたい同規模ですので，この合併により影響を受ける予算は無視できない規模だといえます。それが効率的に運用されるようになれば，私たちにとって大きな利益をもたらしてくれる可能性があるのです。

## 地方政府の歳入

では，近年の地方政府の予算はどのように特徴付けられるでしょうか？ まず，どこから財源を得ているかを表す歳入の概観から見てみましょう。表 12.1 は地方政府の歳入の主な費目をまとめています。

これを見ると，都道府県，市町村ともに，**地方税**，**地方交付税**，**国庫支出金**，そして，**地方債**が主な歳入となっていることがわかります。その中で，最も大きな費目である地方税は，その大きな割合が住民税である都道府県民税と市町村民税によってまかなわれています。これらは，住民の（前年度の）所得に課税されています。より詳しく内訳を見てみると，都道府県では，都道府県民税が約 3 割，事業税，地方消費税，自動車税を加えると 8 割以上になります。市町村では，市町村民税と固定資産税がそれぞれ 4 割以上を占めるため，これら二つで 8 割以上を占めます。地方税と地方債は，地方政府がその地域から調達した歳入ですが，国からの所得移転としての歳入も大きな役割を果しており，それが地方交付税と国庫支出金です。地方交付税は，国が使途を特定せずに地

| 歳出の主な内訳（%） | | |
|---|---|---|
| 区　分 | 都道府県 | 市町村 |
| 総務費 | 6.3 | 12.0 |
| 民生費 | 16.6 | 36.7 |
| 土木費 | 12.0 | 10.8 |
| 教育費 | 20.6 | 12.6 |
| 公債費 | 13.5 | 9.3 |

（出典）『令和 3 年版　地方財政白書』。

方政府に交付する支出金です。なお，ほとんどの自治体がこの交付金を受け取っており，2022（令和 4）年度の不交付団体数は都道府県で 47 団体中 1 団体（東京都），市町村で 1718 団体中 72 団体しかありません。また，国庫支出金は，国が使途を特定して地方政府に交付する支出金です。

### 地方政府の歳出

　では，歳入で入ってきたお金の使い道である歳出はどうなっているでしょうか？ 表 12. 2 は，地方政府の歳出の主な費目をまとめています。

　都道府県，市町村ともに，かなり住民の生活に密着したことがらに支出しているように見えます。両者で大きく違うのが，民生費と教育費です。民生費は児童，高齢者，障害者などのための福祉施設の整備・運営，そして，生活保護などの経費で，より地域に密着した地方政府がより多くを担っていると考えられます。教育費は，義務教育の教職員の給与を都道府県が負担しているため，市町村よりも支出比率が高くなっています。

### 地方政府の役割

　一般に，地方政府に期待される役割としては，地方公共財の供給，公平性の確保，ナショナルミニマムの保障といったことが挙げられます。特に，地方公共財は，民間部門では適切に供給されませんので，政府が供給する必要があり，経済学で盛んに分析されていますので，以下では地方公共財の供給について詳しく見てみることにしましょう。公共財とは，**非競合性**と**非排除性**という二つ

の性質を持つ特殊な財やサービスのことです。非競合性は，その財やサービス
をある人が消費していても，他の人も同じように消費できる，つまり，人々の
間で消費が競合しない性質のことです。非排除性は，特定の個人に消費させな
い，ということができない性質のことです。これらの性質を持った財やサービ
スの典型例としては，国防や治安維持などが挙げられます。こうした公共財は，
民間部門では適切に供給されないことがわかっていますので，政府が供給する
ことが求められます。さらに，公共財の便益の及ぶ範囲が限定的であると考え
られれば，その公共財は**地方公共財**と呼ばれ，地方政府の出番となるわけです。

POINT

地方政府は独自の財源と国からの所得移転から調達した収入を，住民に密着した
公的サービスに支出しています。

 ## 2 地方公共財の最適供給

　では，政府が地方公共財を供給するとして，その供給が望ましい水準である
ためにはどのような条件が必要になるでしょうか？　今，地方政府が $G$ 単位の
地方公共財を供給すると，地域内のすべての消費者が地方公共財を同じように
$G$ 単位だけただで消費できるとしましょう。つまり，地域内に限定された形で，
非競合性と非排除性が成立しています。消費者は何人いてもかまわないのです
が，ここでは簡単化のため，二人（1と2）しかいないとしましょう。そして，
各消費者 $i$ （$i=1, 2$）は私的財（これを価値基準財とします）と地方公共財を消費
することにより効用を得るのですが，これを $u_i = c_i + v_i(G)$ のように表してお
きましょう。ここで，$u_i$ は効用の水準，$c_i$ は私的財の消費水準で，$v_i(G)$ が
地方公共財消費から得られる効用の水準です。ここでは $v_i(G)$ が地方公共財
の消費水準 $G$ に依存している関係を一般的に表現しています。

### サミュエルソン条件

　このとき，どのように地方公共財の供給水準を決めればよいのでしょうか？
ここでは，パレート効率性という基準のもとで，地方公共財の望ましい供給量

を特徴付けてみましょう。地方政府は一括税 $t$ により地方公共財の財源をまかなうとします。地方公共財の供給には費用がかかり，その費用を私的財の単位で表現しておきます。具体的には，地方公共財を $G$ 単位供給するためには私的財を $k(G)$ 単位使用しなければならないとします。一括税を想定しているのは，分析を簡単にするためです。また，ここでは私的財の生産は捨象し，初期賦存量として，二人の消費者がそれぞれ $C$ だけ保有しているとします。すると，地方政府の歳入が $2t$ で歳出が $k(G)$ ですので，政府の直面する予算制約は，$2t = k(G)$ となります。そして，家計の予算制約は $C = c_i + t$ です。これらを合わせて，

$$2C - c_1 - c_2 = k(G) \tag{1}$$

を得ます。

**《パレート効率性とサミュエルソン条件》**　パレート効率性は，「誰かの効用を下げないと，誰かの効用を上げることはできない」状態を指します。ここの場合では，例えば，消費者2の効用を一定に保ったままで，消費者1の効用を最大にするような配分を求めればよいわけです。厳密には消費者2の効用を一定以上に維持したままで，消費者1の効用を最大にしなければなりません。しかし，ここでは，この不等式の制約が，ちょうど等式として成立する場合に絞って議論しています。通常用いられる効用関数の形のもとでこの議論が妥当であることがわかっていますので，ここではそれを用いています。

　そこで，消費者2の効用を $\bar{u}$ に固定しておくことにします。すると，$\bar{u} = c_2 + v_2(G)$ ですので，これより，

$$c_2 = \bar{u} - v_2(G)$$

を満たすような $c_2$ と $G$ との組み合わせを考えることになります。これを式(1)に代入して整理すると，

$$c_1 = 2C - \bar{u} + v_2(G) - k(G)$$

を得ます。パレート効率的配分は，この式を満たすような $c_1$ と $G$ の組み合わ

せの中で，消費者1の効用を最も高くするものを求めればよいのです。この式を用いると，消費者1の効用は

$$u_1 = 2C - \bar{u} - k(G) + v_1(G) + v_2(G) \tag{2}$$

と書き直せます。これをよく見ると，消費者1の効用が地方公共財供給量 $G$ のみに依存する形になっていることがわかります。つまり，これを最大にするような地方公共財の供給水準 $G$ を求めれば，すべての制約を考慮できていますので，パレート効率的な配分が求まるわけです。

　$u_1$ を最も大きくする $G$ を $G^{**}$ と書くと，$G$ を横軸に，$u_1$ を縦軸にとって描いた $u_1 = 2C - \bar{u} - k(G) + v_1(G) + v_2(G)$ のグラフは，$G^{**}$ において山のてっぺんになっていなくてはなりません。この条件は，$G$ をわずかに増やしたときの $u_1$ の追加 $G$ 一単位当たりの変化分がゼロになっていると言い換えることができます。式 (2) より，これは，$k(G)$，$v_1(G)$，$v_2(G)$ の追加 $G$ 一単位当たりの変化分の間に，

$$v_1(G) \text{の変化分} + v_2(G) \text{の変化分} = k(G) \text{の変化分}$$

という関係が成り立つことを意味します。$v_i(G)$ の変化分は，$G$ をわずかに増やしたときの効用の追加 $G$ 一単位当たりの変化分，つまり，消費者 $i$ の公共財消費の限界効用で，$k(G)$ の変化分はこのときの費用の追加 $G$ 一単位当たりの変化分，つまり，限界費用を表しています。また，地方公共財消費の限界便益（消費者が追加的に支払ってもよいと考える額）は，地方公共財の限界効用を私的財の限界効用で割ったものとして定義されますので，ここでの想定のもとでは，それは $v_i(G)$ の変化分と一致します。そのため，この条件は，「地方公共財からの限界便益の和が限界費用に等しくなる」，ということを意味します。これはこの条件を初めて明らかにした人の名前から**サミュエルソン条件**と呼ばれており，公共財の最適供給の条件として知られています。なお，この条件は，消費者が多い場合も成り立つことが知られています。$n$ 人消費者がいる場合，この条件は，

$$\sum_{i=1}^{n} v_i(G) \text{の変化分} = k(G) \text{の変化分}$$

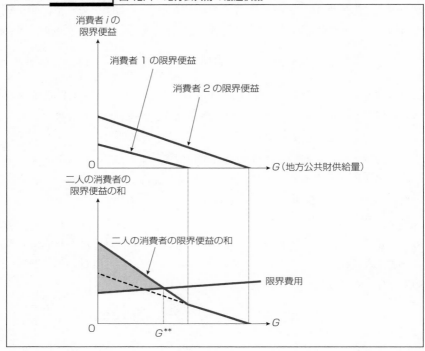

となります。

**《サミュエルソン条件と社会的余剰》** このサミュエルソン条件は，社会的余剰が最大になる条件としても知られています。例えば，限界便益と限界費用が図12.1のような形状であったとしましょう。

ここでは図12.1の上の図にあるように，限界便益が供給量 $G$ とともに減っていく状況を想定しています。下の図では二人の消費者の限界便益の和と限界費用を同じグラフに描いています。ここで，地方公共財の供給量が $G'$ であるときの消費者余剰は，ここでの設定のもとでは，限界便益の和を表す曲線の下側の面積を $0 \leqq G \leqq G'$ について求めたもので表されます。一方，そのときの費用は限界費用を表す曲線の下側の面積を $0 \leqq G \leqq G'$ について求めたものですので，社会的余剰は，影をつけた部分の面積で表されます。すると，社会的余剰を最も大きくする地方公共財供給水準 $G^{**}$ はサミュエルソン条件を満たす必

要があることがわかります。

## 最適地域人口規模とヘンリー・ジョージ定理

さらに，この地方公共財の供給とは別に，地域の人口規模についても最適になっているかどうかを判断する条件があることが知られています。第7章にも登場した，ヘンリー・ジョージ定理です。第7章では，集積の経済という観点からヘンリー・ジョージ定理を説明しましたが，もともとこの定理は地方公共財供給に関連して知られていました。このことは，集積の経済が，いわば都市の公共財のような役割を果たしている，と見なせることを示しています。ここでは，地方公共財供給の観点からヘンリー・ジョージ定理を説明してみましょう。

《生産活動の導入》 少しモデルを拡張して，地域内の価値基準財が規模に関して収穫一定の技術（一次同次の生産関数 $F(L, h)$ のもと）で，労働力投入 $L$ と土地投入 $h$ とを用いて生産されているとしましょう。$F(L, h)$ は $L$ と $h$ に依存することを一般的に表現しているだけです。また，人々は労働力を必ず一単位供給するとします。価値基準財の市場，労働市場，土地市場はすべて完全競争的であるとします。すると，地域人口が労働投入量を表すことになります。また，地域人口 $L$ がわずかに増えたときの $F(L, h)$ の追加人口一人当たりの変化分，つまり，労働の限界生産物は，生産しているものが価値基準財ですので，これは労働の限界生産物価値も表します。すると，規模に関して収穫一定の技術のもとでは，生産額が生産要素への総支払い，つまり，労働への支払いと土地への支払いの総額に等しくなりますし，労働市場が完全競争的であると，賃金 $w$ が労働の限界生産物価値に等しくなりますので，

$$F(L, h) = wL + 土地への支払い（TR） \tag{3}$$
$$w = 労働の限界生産物$$

が成り立ちます。

《ヘンリー・ジョージ定理》 また，ここでは，地域の人々の間に違いはなく，全

員の効用関数が $u=c+v(G)$ のように表されると簡単化しておきましょう。さらに，地方公共財の供給水準は固定しておきます。地域の人口が最適規模 $L^{**}$ になっているということは，$L$ を横軸に，$u$ を縦軸にとって描いた $u$ のグラフは，$L^{**}$ において山のてっぺんになっていなくてはなりません。この条件は，$L$ をわずかに増やしたときの $c$ の追加人口一人当たりの変化分がゼロになると言い換えることができます。また，地域内の資源制約より，$F(L, h)=cL+k(G)$ は常に成立していなくてはなりませんので，人口が増えたときに，

$$労働の限界生産物 = c + L \times (c の追加人口一人当たりの変化分)$$

も成立している必要があります。$c$ の追加人口一人当たりの変化分がゼロになるわけですから，この式は，

$$労働の限界生産物 = c$$

と書き換えられますが，これと式 (3) より，

$$F(L, h) = cL + 土地への支払い（TR）$$

を得ます。資源制約は $F(L, h)=cL+k(G)$ ですので，最終的に，地域人口規模が最適になっているためには，

$$k(G) = 土地への支払い（TR）$$

が成立している必要があるのです。つまり，地方公共財への支出総額が土地への支払い，つまり，地代総額に等しくなる必要があるわけです。この結果がここでのヘンリー・ジョージ定理です。

## 足による投票

こうしたサミュエルソン条件やヘンリー・ジョージ定理が成立しているかを直接吟味できれば問題がないのですが，残念ながら消費者個人の限界便益が観察できないなどのため，その判断は難しいといわざるをえません。そのため，これらの条件を満たすための公共財供給・地域人口規模達成メカニズムがいろいろと考案されてきました。その中で，地方自治体に最も関わりの深いものを

紹介しましょう。

ここで紹介するのは，ティブーの考案した**足による投票**メカニズムです。これは，地方公共財が地域単位で排除性を持ち，人々が地域間を自由に移動できると，最適な地方公共財供給と最適な地域人口規模が達成される可能性があることを示したものです。そのために必要な条件が以下の六つです。

1. 消費者が自由に地域間を移動できる。その際，最も自分に好ましい地域を選ぶ。また，所得はどこを選んでも同じとする。
2. 地方政府の行動が消費者にとって観察可能である。
3. 地方公共財について，地域を越えて外部性がない。
4. 十分多くの（多様な）地域がある。
5. 地方公共財を供給する費用を最小にするという意味で最適な地域人口規模が存在する。
6. 地方政府は「5.」の最適人口規模を達成するよう税率や公共財供給水準を決める。

これらが満たされると，消費者の移動を通じて，地域人口規模を含めて最適な資源配分が達成されることがわかっています。これらの条件が厳密に成り立っているとは考えにくいのですが，人々の地域選択が地方公共財の最適供給を達成させる可能性を示したものとして，知られています。

POINT

地方公共財の最適供給のための条件がサミュエルソン条件で，地域の人口規模が最適になるための条件がヘンリー・ジョージ定理です。これらの条件を成立させうるメカニズムの一つとしてティブーの足による投票が挙げられます。

 **企業誘致と租税競争**

では，地方政府が市民のことを考えている限り問題は生じないのでしょうか？　実は，市民の効用を最も高くしようとして政策を決定している政府でも，場合によっては失敗してしまうことがままあります。地方政府については，企業誘致政策がこうした失敗を引き起こすことが知られていますので，そのメカ

ニズムを紹介しましょう。

　ここでは，地方政府が，企業へ課税し，その税収で消費者に向けた地方公共
財を供給するとします。現実にも，地方政府の歳入は，企業に対するさまざま
な課税によってもまかなわれています。その税収が消費者に対する公共財供給
に使われるとしたときに，問題が生じないかどうかを考えるわけです。もちろ
ん，企業に対する地方公共財もありえます。例えば，道路整備などは，消費者
だけでなく企業も恩恵を受けます。こうした企業の受ける恩恵のあり方によっ
てはここでの結論は変わる可能性があります。こうした一連の分析の枠組みは，
**租税競争**のモデルと呼ばれています。

　地域は二つあり（1 と 2），それぞれの地方政府は自地域内の企業へ一括税 $t$
を課し，その税収で地方公共財を供給します。この地方公共財は地域内の消費
者，つまり地域住民のみに便益をもたらします。より具体的には，地方公共財
の供給水準が $G$ のときに，その地方公共財消費から地域住民は $v(G)$ の効用
を得るとします。しかも，$G$ が増えるほど，$v(G)$ は高くなるとします。ここ
では式は特定化せず，一般的にその関係を考えておきます。また，地域住民は
移動しませんが，企業は移動します。企業総数を $2K$ で一定であるとしておき
ましょう。

## 地方政府の行動

　地方政府は企業への課税により公共財供給をまかないますので，その予算制
約は，

$$t_i K_i = G_i$$

のようになります。ここでは簡単化のため，二種類の税率しか選べないとしま
しょう。具体的には，地方政府は高い税率 $\bar{t}$ もしくは低い税率 $\underline{t}$ $(\bar{t} > \underline{t} > 0)$
しか選べないとします。また，地方政府は同時に税率と地方公共財供給の水準
を選ぶとします。このとき，もし，$t_1 = t_2$ なら，企業は均等に分布し，もし
$t_i = \bar{t}$，$t_j = \underline{t}$ $(i, j = 1, 2,\ i \neq j)$ なら，税率の低い方に企業は偏り，地域 $i$ に $K/2$，
地域 $j$ に $3K/2$ だけ立地する，と仮定します。政府が二種類の税率しか選べず，
また，税率に応じて決まる企業分布が予め決まっている，という仮定は緩める

ことが可能です。しかし，その場合，説明が煩雑になりますので，ここでは説明の簡単化のためにこれらを仮定しておきます。すると，地方政府の予算制約は，$t_1 = t_2$ の場合は，

$$G_1 = G_2 = \bar{t}K \quad もしくは \quad \underline{t}K$$

となり，$t_i = \bar{t}$，$t_j = \underline{t}$ $(i, j = 1, 2, \ i \neq j)$ の場合は，

$$G_i = \frac{\bar{t}K}{2}, \quad G_j = \frac{3\underline{t}K}{2}$$

となります。ここで，

$$\frac{3\underline{t}}{2} > \bar{t}$$

という不等式を仮定しておきましょう。これは，税率を引き下げて企業を誘致する誘因が発生するための条件です。

　ここでは，地方公共財の水準は四種類登場するので，それを次のように書いておきます。

$$G_a \equiv \frac{\bar{t}K}{2}, \quad G_b \equiv \underline{t}K, \quad G_c \equiv \bar{t}K, \quad G_d \equiv \frac{3\underline{t}K}{2}$$

これまでの条件から，$G_b < G_c$ かつ $G_c < G_d$ であることがわかります。また，

$$G_b = \frac{2}{3}\frac{3\underline{t}K}{2} > \frac{2}{3}\bar{t}K > \frac{\bar{t}K}{2} = G_a$$

なので，$G_a < G_b < G_c < G_d$ となっていることもわかります。効用 $v(G)$ は $G$ が大きいほど高いので，このことは，$v(G_a) < v(G_b) < v(G_c) < v(G_d)$ を意味します。

## 底辺への競争

　以上の状況を完備情報の静学的ゲームとして利得表にまとめると次ページの表 12.3 のようになります。

　プレーヤーは地方政府で，戦略は企業への税率です。戦略空間は $\{\bar{t}, \underline{t}\}$ で，利得表の各欄の左側が地方政府 1 の，右側が地方政府 2 の利得を表しています。このゲームのナッシュ均衡を求めると，自分だけ戦略を変えても得しないよう

地方政府2

|  |  | $\overline{t}$ | $\underline{t}$ |
|---|---|---|---|
| 地方政府1 | $\overline{t}$ | $v(G_c),v(G_c)$ | $v(G_a),v(G_d)$ |
|  | $\underline{t}$ | $v(G_d),v(G_a)$ | $v(G_b),v(G_b)$ |

より望ましい結果 　　　　　ナッシュ均衡の利得

---

## Column⓬-2　法人税引き下げ競争

　この章で紹介した租税競争の事例としては，90 年代のヨーロッパ諸国の法人税引き下げ競争が有名です。各国が法人税を引き下げて企業を誘致しようとした結果，法人税が低くなりすぎたのではないか，という懸念が持たれるようになり，税率決定において，各国政府が協調すべきではないか，という報告書（OECD, Harmful Tax Competition: An Emerging Global Issue, 1998）がOECD から発表されました。こうした法人税引き下げ競争への懸念から，近年，G20 が主導して，約 140 カ国が多国籍企業に最低 15％ の法人税を課すことで合意し，2023 年 2 月には OECD が国際的な最低法人税の導入方法について各国政府に最終ガイダンスを示しました（2023 年 2 月 3 日『ロイターオンライン』https://jp.reuters.com/article/global-tax-oecd-idJPKBN2UD07C，2023 年 9 月 20 日最終確認）。法人税は一般的に国税ですので，それに関わる租税競争は国家間の問題になるわけですが，日本国内の地域間でも，補助金や固定資産税の減免を通じて企業誘致をしようとする場合，租税競争は関係してきます。

　もちろん，法人に対する課税は過度に行うと企業の活動を阻害してよくないわけですが，租税競争の分析結果は，過度な引き下げ競争（もしくは補助金引き上げ競争）を伴う企業誘致合戦は，地域住民をないがしろにしてしまい，地域経済に悪影響を及ぼすことを示しています。

---

な戦略の組がナッシュ均衡でしたので，$(\underline{t},\underline{t})$ となります。このもとで，両方の地域の消費者は $(v(G_b),v(G_b))$ の効用を得ています。これ以外の戦略の組では，片方の地方政府が違う戦略を選ぶと，その地方政府が得する場合があ

ることを確認できます。しかし，消費者にとってより望ましい結果は $(\overline{t}, \overline{t})$ です。実際，そのとき，$(v(G_c), v(G_c))$ の効用を得ることができ，$v(G_b) < v(G_c)$ ですので，ナッシュ均衡より高い効用を達成できています。ナッシュ均衡では税率および地方公共財供給が過小になっているのです。

この場合の企業への課税は，よその地域への企業の移動を引き起こすのですが，それは移動先の地域へはよい効果となります。しかし，移動元の地方政府はそのことを念頭におかずに行動します。要は，地方政府による企業への課税が，正の外部性を引き起こしているのです。そのため，税率は低すぎる状態になり，公共財の過小供給が生じてしまうのです。このように，企業誘致の観点から税率を低めにしてしまい，結果として地方政府の住民サービスが悪化してしまうことは**底辺への競争**（Race to the bottom）と呼ばれています。なお，この競争を避けるための方策としては，地方政府同士の税率についての協調が有効であることが知られています。

POINT

　地方政府が住民のことを考えていても問題が生じることがあり，その例の一つが，租税競争です。

**EXERCISE ●練習問題**

① 自分や家族が支払っている地方税を確認してみましょう。
② 消費者が $n$ 人いる場合のサミュエルソン条件を導出してみましょう。
③ 地方公共財が，企業の生産性を上昇させる効果があると，租税競争の結果はどのように変わる可能性があるでしょうか？

# 文献ガイド

　この本では，基本的な話題をごく簡単に説明してきました。さらに勉強したい方のために，文献を紹介しておきます。ただし，本書新版執筆時点で入手が容易かつ日本語のものだけで網羅的ではありません。また，それぞれの本はお互いに補完的な内容ですので，興味に応じて読み進めてもらうと良いと思います。

## 都市・地域経済学のトピックを知るのに良い本

- ポール・クルーグマン（北村行伸・妹尾美起訳）『自己組織化の経済学——経済秩序はいかに創発するか』筑摩書房，2009 年
- エドワード・グレイザー（山形浩生訳）『都市は人類最高の発明である』NTT 出版，2012 年
- ジェイン・ジェイコブズ（中村達也訳）『発展する地域 衰退する地域——地域が自立するための経済学』筑摩書房，2012 年
- ジェイン・ジェイコブズ（山形浩生訳）『アメリカ大都市の死と生（新版）』鹿島出版会，2010 年
- リチャード・フロリダ（小長谷一之訳）『クリエイティブ都市経済論——地域活性化の条件』日本評論社，2010 年
- エンリコ・モレッティ（安田洋祐解説，池村千秋訳）『年収は「住むところ」で決まる——雇用とイノベーションの都市経済学』プレジデント社，2014 年
- 山本和博『大都市はどうやってできるのか』筑摩書房，2022 年

## 本書と同レベルの初級の教科書

- 岡田知弘・川瀬光義・鈴木誠・富樫幸一『国際化時代の地域経済学（第 4 版）』有斐閣，2016 年
  ▶ 事例が豊富ですので，現実との対比を意識しながら勉強できます。
- 佐々木公明・文世一『都市経済学の基礎』有斐閣，2000 年
  ▶ 本書の都市経済学の部分が詳しく解説されています。特に，単一中心都市モデルについて勉強したい方にお勧めです。
- フィリップ・マッカン（黒田達朗・徳永澄憲・中村良平訳）『都市・地域の経済学』日本評論社，2008 年
  ▶ 世界的に定評のある教科書の翻訳です。経済地理学とのつながりも勉強することができます。

- 山田浩之・徳岡一幸編『地域経済学入門（第 3 版）』有斐閣，2018 年
  - ▶本書の地域経済学の部分が詳しく説明されています。事例も豊富で，地域経済政策に興味のある方にお勧めです。
- 浅田義久・山鹿久木『入門都市経済学』ミネルヴァ書房，2023 年
  - ▶住宅市場関連の話題が多く扱われており，また，実証研究が詳しめに説明されています。

## 本書よりレベルの高い中級の教科書

- 金本良嗣・藤原徹『都市経済学（第 2 版）』東洋経済新報社，2016 年
  - ▶都市経済学の定評ある教科書です。本書で紹介しきれなかった都市経済学の多様な話題を勉強できます。
- 高橋孝明『都市経済学』有斐閣，2012 年
  - ▶都市経済学の内容をミクロ経済学の手法から含めて詳細に勉強できます。
- 黒田達朗・田渕隆俊・中村良平『都市と地域の経済学（新版）』有斐閣，2008 年
  - ▶都市経済学，地域経済学の話題がバランスよく説明されています。さまざまな話題を紹介しているという点で本書と共通しているため，本書の後にこの教科書に進むとスムーズに学習できると考えられます。

## 大学院レベルの上級の教科書

- 佐藤泰裕・田渕隆俊・山本和博『空間経済学』有斐閣，2011 年
  - ▶空間経済学に特化した教科書で，その基礎から応用まで詳細に勉強できます。
- 藤田昌久，ポール・クルーグマン，アンソニー・J. ベナブルズ（小出博之訳）『空間経済学──都市・地域・国際貿易の新しい分析』東洋経済新報社，2000 年
  - ▶世界的に定評のある空間経済学の教科書の翻訳です。やや高度ですが，空間経済学を専門にする方は必読です。
- 藤田昌久，ジャック・F・ティス（徳永澄憲・太田充訳）『集積の経済学──都市，産業立地，グローバル化』東洋経済新報社，2017 年
  - ▶都市経済学から空間経済学までさまざまな話題を網羅した教科書の翻訳です。歯ごたえがありますが，挑戦してほしい本です。
- 曽道智・高塚創『空間経済学』東洋経済新報社，2016 年
  - ▶空間経済学の応用，特に，自国市場効果についての分析が詳しく紹介されています。

# 索　引

## 【事　項】

## 【人　名】

【有斐閣ストゥディア】

# 都市・地域経済学への招待状 ［新版］

*Introduction to Urban and Regional Economics*, New Edition

2014 年 10 月 20 日　初版第 1 刷発行
2023 年 12 月 15 日　新版第 1 刷発行
2024 年 11 月 15 日　新版第 2 刷発行

著　者　佐藤泰裕

発行者　江草貞治

発行所　株式会社有斐閣

　　　　〒101-0051 東京都千代田区神田神保町 2-17

　　　　https://www.yuhikaku.co.jp/

装　丁　キタダデザイン

印　刷　株式会社理想社

製　本　牧製本印刷株式会社

装丁印刷　株式会社亨有堂印刷所

落丁・乱丁本はお取替えいたします。定価はカバーに表示してあります。
©2023, Yasuhiro Sato.
Printed in Japan. ISBN 978-4-641-15119-2

本書のコピー，スキャン，デジタル化等の無断複製は著作権上での例外を除き禁じられています。本書を代行業者等の第三者に依頼してスキャンやデジタル化することは，たとえ個人や家庭内の利用でも著作権法違反です。

JCOPY　本書の無断複写（コピー）は，著作権法上での例外を除き，禁じられています。複写される場合は，そのつど事前に，（一社）出版者著作権管理機構（電話03-5244-5088，ＦＡＸ03-5244-5089，e-mail:info@jcopy.or.jp）の許諾を得てください。